Sabine Burla · Ernst Vollmer

Schrift schreiben

Ein Buch zum Erlernen verschiedener Schriftformen mit Vorlagen und Beispielen

Otto Maier Verlag

1. Auflage 1982
Einbandgestaltung und Layout: Ernst Vollmer
Photos: N. Schuck, Aschaffenburg (S. 8, 65, 66, 67, 71, 81, 83, 84, 85, 86, 87, 88, 90, 91, 93) und A. Buchs, Murten (S. 92)
Satz: E. Weishaupt, Meckenbeuren
Gesetzt in der Garamond-Antiqua
Gesamtherstellung: Holzer, Weiler/Allgäu
Printed in Germany

91 90 89 88 8 7 6 5

ISBN 3-473-61280-4

Inhalt

Warum schreiben?

Ständig treffen unsere Augen auf das geschriebene Wort. Die Werbung macht sich den Lesezwang und die Suggestivkraft der Buchstaben zu nutze. Immer noch spürt man die magische Kraft der Zeichen. In vielen Bereichen des Lebens ist eine Besinnung auf das Selbstgestalten zu beobachten, als Gegensatz zum Genormten, Gängigen. Hier ist Raum und Gelegenheit, der eigenen Vorstellung durch das Schreiben Ausdruck zu verleihen. Jede Zeit hat ihre Schrift geprägt, der ein eigenes Gesetz innewohnt. Dies gilt es zu erkennen. Was uns heute an Geschriebenem begegnet, ist oft nicht befriedigend, weil es nur von Verkaufsabsichten und Werbewirksamkeit bestimmt ist. Ein echter Gestaltungswille sucht andere Impulse. Immer wieder haben geniale Schreiber das vorhandene Schriftgut neu durchdacht und umgeformt. Diese Vielfalt eröffnet ein weites Betätigungsfeld, wenn erst gediegene Grundkenntnisse in verschiedenen Schriftformen erarbeitet sind. Mit der Zeit entwickelt sich ein persönliches Formgefühl und eigene Vorlieben. Unterschiedliche Materialien und Techniken bringen weitere Anreize hinzu. Zu den schönsten Lösungen kommt es, wenn man für den gewünschten Text das geeignete Material, die richtige Schrift und die passende Technik findet. Das sollte das Anliegen jedes Berufes sein, der mit Schrift zu tun hat. Ganz besonders gilt dies für alle grafischen Berufe, aber auch der Graveur und Metallbildner, der Steinmetz und Holzbildhauer, sowie der Restaurator, der Buchbinder und Maler sind angesprochen. Gleichwertig steht das Schreiben als persönliches Ausdrucksmittel zur Verfügung. Je nachdem wer zum Beispiel eine Einladungskarte gestaltet, ist es eine berufliche Aufgabe oder ein privates Anliegen. Dies gilt für allerlei Anwendungen, wie die ausgewählten Abbildungen zeigen.

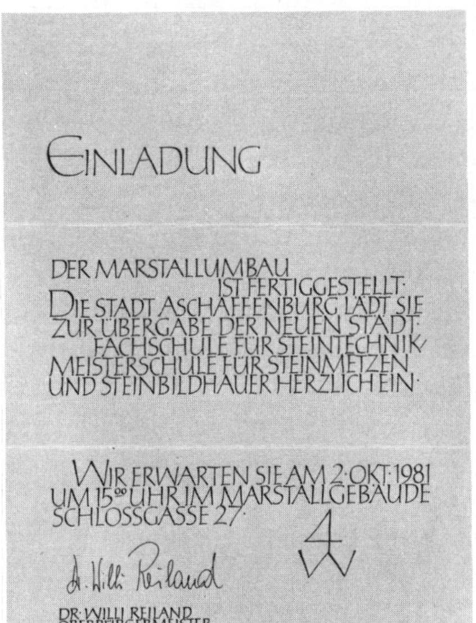

Ein reizvolles Gebiet stellt der Themenreichtum der Glückwunschkarten dar, für Geburtstag, Hochzeit, Geburt, Jubiläum, Ehrung, Einladung, Weihnachten, Jahreswechsel und Beileidsbekundung. Auch rund ums Buch ergeben sich viele Herausforderungen für das Schreiben, sei es das kleine handgeschriebene Buch, die Einbandbeschriftung für nachgebundene Bücher, das Kochbuch und die Rezeptkartei, sowie das Gästebuch, die Widmung oder das Exlibris. Die Heraldik und Familiengeschichte nehmen neuerdings wieder einen breiteren Raum ein mit Ahnentafel, Stammbaum, Wappen, Urkunden und Familienalbum. Die schönste und freieste Entfaltung erfährt Ihr Können aber beim Schreiben von Gedichten, Liedern, Sprüchen, Haussegen, Kalendern und Buchstabenbildern. Die gute Schriftgestaltung ist nicht auf den Innenraum beschänkt, sie kann nach draußen weitergeführt werden mit Monogrammen an der Haustüre oder im Gittertor, Namensschildern, Haus- und Zunftzeichen, Tafeln zur Hausgeschichte, Straßen- und Wegschildern.

In der Öffentlichkeitsarbeit und im Vereinsleben begegnen uns Aufgaben, die Gestaltung von Plakaten, Mitteilungen und Prospekten betreffend, für Vorträge und Kurse, zu Basaren, Konzerten, Theateraufführungen, Versammlungen und Sportveranstaltungen.
Wo die Fähigkeit zu schreiben erst einmal Wurzeln geschlagen hat und der Blick für die Schönheit der Schrift geschärft ist, wird es an Gelegenheit zur Anwendung nicht mangeln.

Werkzeuge und Material

Die hauptsächlichen Werkzeuge, mit denen wir zu schreiben anfangen, sind Bandzugfeder und Pinsel. Federn und Pinsel sind geeignet für noch ungeübte Schreiber. Am besten wechseln wir damit ab, um uns nicht schon zu früh auf nur ein Werkzeug zu fixieren. Wenn wir den Pinsel in die Hand nehmen und zum Einschreiben Senkrechte ziehen, merken wir, wie leicht dies Werkzeug ist, und wir befürchten, daß es uns „davonwackelt", weil wir doch so bestrebt sind, schöne gerade Striche zu ziehen. Also nehmen wir die Bandzugfeder, bei der wir das Gefühl haben, mehr Halt zu finden. Dies wiederum soll uns nicht verleiten, auf der festen Federkante auszuruhen, denn wenn wir wieder den Pinsel führen, müssen wir darauf achten, daß nur die Pinselspitze das Blatt berührt. Die Haare des Pinsels sollen nicht gekrümmt werden, weil dies ein ungenaues Buchstabenbild ergäbe. Exakte Buchstabenabschlüsse erzielen wir beim Schreiben mit der Bandzugfeder, und beim Ziehen der Rundungen offenbaren sich sehr genau die wechselnden Stärken im Buchstaben. Für kleine Buchstaben bis 2 oder 3 cm benutzen wir besser die Bandzugfeder, bei größerer Buchstabenhöhe aber leichter den Pinsel. Denn bei der Arbeit für große Buchstaben müßten wir mit der Feder zu oft nach Tinte tunken, was den zügigen Schreibfluß unterbricht. Wenn wir für später an verschiedene Anwendungen denken, bei denen ein großflächiges und großzügiges Schreiben wichtig ist, üben wir viel mit dem Pinsel. Mit ihm lassen sich Entwürfe auf ganz unterschiedliche Materialien schreiben, weil sich die Borsten den verschiedenen Gegebenheiten anpassen können. Auf ganz glatter Fläche finden sie Halt, ebenso auf rauher Fläche wie Holz, Putz, Stein, Textil und auf faserigem oder sehr dünnem Papier. Mit dem Pinsel können wir auch Lackfarben schreiben. Mit der Feder schreibt es sich normalerweise nur auf Papier oder papierähnlichem Grund gut. Beim Arbeiten mit der Feder müssen wir auch auf die Neigung der Schreibunterlage achten: Der Winkel der Unterlage darf nicht zu steil sein, da sonst die Tinte nicht fließt. Als Kontrolle schauen wir auf das hintere Ende des Federhalters, das nicht tiefer als die Spitze der Feder sein sollte. Bei steilen und übersteilen örtlichen Gegebenheiten wählen wir Pinsel. Sie sind außerdem im Fachhandel in größerer Vielfalt erhältlich als Federn. Die Bandzugfeder besteht aus der eigentlichen Feder und der Ober- oder Unterfeder, die darüber gestülpt ist. Diese Vorrichtung hält die Tinte beim Schreiben länger. Federn ohne diese Vorrichtung haben dafür hinter der kleinen Öffnung, die im Federspalt liegt, eine kleine Vertiefung, die Tinte aufnehmen kann. Bei größeren Federbreiten können Feder und Tintenvorratshalter aus einem Stück gearbeitet sein. Die Federkante, also der Teil der Feder, der die Schreibfläche berührt, ist nicht rechtwinklig, sondern schräg zur Richtung der Feder. Sie ist der Haltung der Hand angepaßt, die beim Schreiben auf dem Tisch aufliegt. Mit der Bandzugfeder schreiben wir alle möglichen Schriftarten, alle Breiten der Antiqua, Unziale, freien und besonders gotischen Schriften. Dabei erkennen wir die Gesetzmäßigkeiten der Buchstaben deutlich. Das bekannte Buchstabenbild erzielen wir durch die immer gleichbleibende schräge Haltung der Feder. Der Wechsel von An- und Abstrich ergibt die unterschiedlichen Stärken im Buchstaben. Das Spektrum der verschiedenen Federbreiten liegt etwa zwischen 0,3 mm bis 20 mm. Bei den kleinen Breiten gibt es häufigere Abstufungen zur Auswahl. Die größeren Breiten sind schlechter erhältlich; sie können durch breite Borstenpinsel ersetzt werden. Die Redisfeder, auch Schnurzug- oder Pfannenfeder genannt, sei nur am Rande erwähnt, da sie gegenüber der Bandzugfeder viele Nachteile hat. Sie besitzt statt einer Federkante ein rundes Federende, die Pfanne, die einen Durchmesser von 0,5 – 5 mm haben kann. Mit dieser Feder können keine guten Buchstabenabschlüsse erreicht werden und die Gesetzmäßigkeit der Auf- und Abstriche bleibt unklar. Zum Suchen der Buchstabenproportionen tut sie allenfalls ihren Dienst, und beim Schreiben von Groteskbuchstaben. Dafür nehmen wir nur kleinere Größen, denn bei großen Pfannen bis zu 5 mm verkrampft sich die Hand leicht, um die ganze Pfanne auf der Schreibfläche zu halten. So verzerrt sich das Buchstabenbild, die gleichstarken Breiten erscheinen ungleich groß.

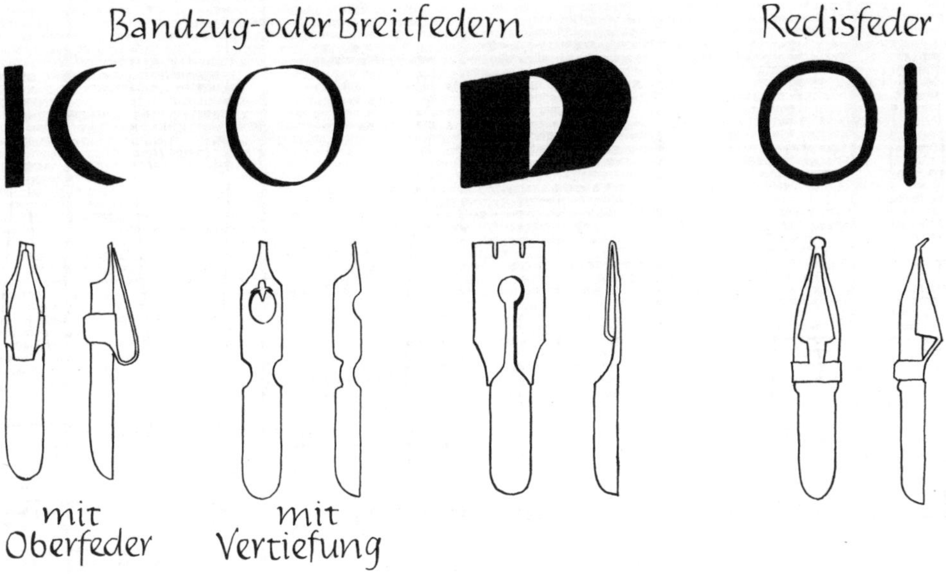

Eine bessere Möglichkeit, Groteskbuchstaben zu schreiben, haben wir mit dem Tuschefüller Rapidograph, oder verwandten Erzeugnissen. Das Gerät kommt vor allem bei geringen Strichstärken in gespinstartigen, flächenfüllenden Schriftblättern gut zur Anwendung. Die Spitzfeder reagiert auf Druck und bringt ein feines abwechslungsreiches Bild hervor, im Gegensatz zu den eher kräftig wirkenden Bildern der Bandzugfeder. So kann man sich früh auch an anspruchsvollere Arbeiten mit der Spitzfeder heranwagen. In einem späteren Kapitel über Werkzeuge wird auf ihre Besonderheiten aufmerksam gemacht. Wo wir die Feder nicht brauchen können oder wollen, greifen wir zum Pinsel. Wir verwenden zuerst einen guten kurzhaarigen Breitpinsel, scheuen die etwas größere Ausgabe für gute Qualität nicht, sie rechtfertigt sich in den meisten Fällen. Auch nach längerem Gebrauch erreichen wir damit noch saubere Abschlüsse, pflegen wir ihn ordentlich. Darüber ist zu sagen, daß beim Schreiben mit Tusche jeder Pinsel nach Gebrauch gut und sorgfältig gewaschen und in seine Form gestrichen wird, damit er wieder schön dicht ist, wenn er trocknet und dann gebraucht wird. Beim Arbeiten mit Plakatfarben wird er zwischendurch mal gewaschen, da die Farbe hinten schnell eintrocknet. Beim Schreiben mit Lackfarben reinigen wir den Pinsel, solange die Farbe noch frisch ist, mit Terpentin, das auch zum Verdünnen des Lackes genommen werden kann.

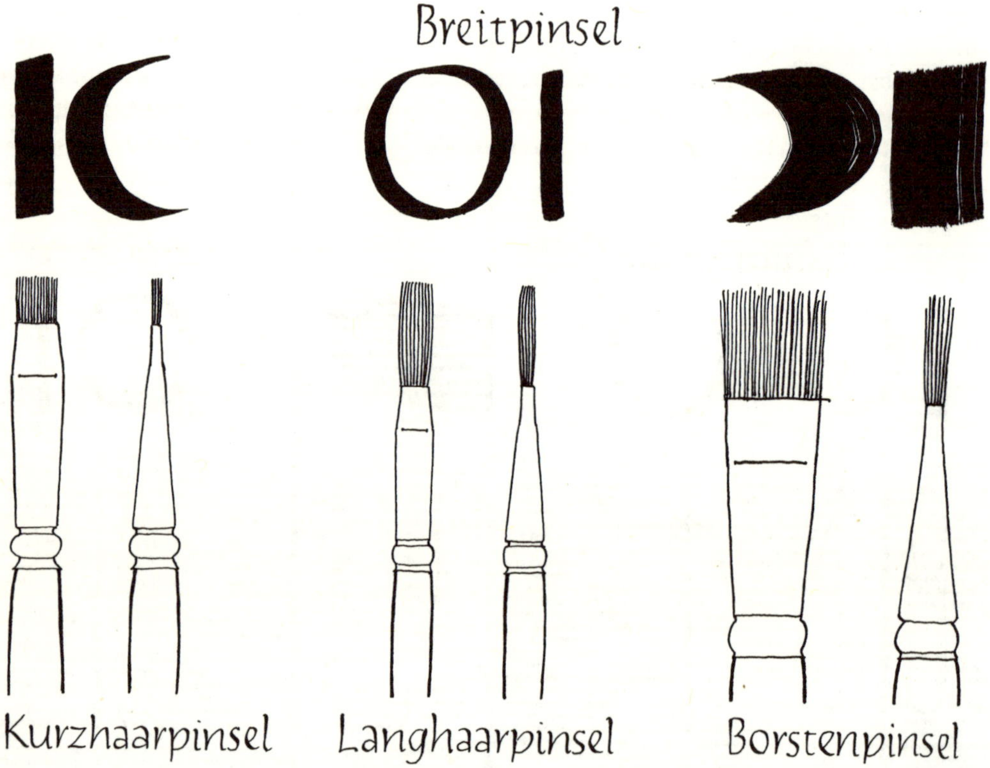

Mit Borstenpinseln schreiben wir nur in größeren Breiten, da sie bei kleinen Breiten ruppig werden, ihre Borsten in alle Richtungen sperren und so einen ungenauen Strich hervorbringen. Borstenpinsel sind auf rauher Unterlage geeignet, weil sie sich nicht so stark abnutzen. Kurzhaarbreitpinsel gibt es außerdem noch in Kunststoff. Breitpinsel mit langem Haar erfodern mehr Routine. Ihr Haar krümmt sich leicht bei schwerer Pinselführung und die Stärke ihres Striches verändert sich dadurch oft während des Schreibens. Im allgemeinen gebrauchen wir den Pinsel vor allem für größere Arbeiten wie Plakate und Wandbeschriftungen. Wir erzielen so Breiten von 5 mm bis 4 cm und mehr. Neuerdings wird der Filzschreiber für alle möglichen Zwecke verwendet. Beim Lernen können wir ihn zum Einüben der Grundformen wohl gebrauchen, für anspruchsvollere Zwecke jedoch und wo es darauf ankommt, die Linie durch den exakten Federstrich klar zu umreißen, ist davon abzuraten.
Zum Üben und auch für ansehnliche Arbeiten nehmen wir ein festes Schreibmaschinenpapier, Zeichenpapier oder -karton. Für Übungsblätter eignet sich auch Umweltschutzpapier. Man erkundige sich nach Papieren nicht nur im Schreibwarenladen, sondern probiere es auch, vor allem für große Mengen, in Druckereien oder beim Buchbinder. Bei diesen dichten

Papieren kommt es meist nicht darauf an, ob wir Tinte, Tusche oder Deckfarben verwenden. Bei speziellen Papieren, die in einem weiteren Kapitel behandelt werden, sollte man erst eine Probe machen, welche Schreibflüssigkeit einen klaren Strich hergibt. Allgemein gilt, falls mit der Tusche der Strich ausläuft, man mit Deck- oder Plakatfarben einen guten Strich erzielt. Wir achten darauf, die Plakatfarbe gerade so dünn anzurühren, wie sie schön aus der Feder fließt und so farbintensiv, daß der Strich richtig satt wird. Zur Probe von letzterem ziehen wir auf dem Sudelblatt einen Strich. Man wischt sofort über den noch feuchten Strich und kontrolliert die Wischspur. Ist sie zu blaß, muß noch Farbe hinzugegeben werden. Ist sie zu satt, muß entsprechend verdünnt werden. Wenn wir mit Deck- oder Plakatfarbe schreiben, rühren wir zwischendurch die Flüssigkeit auf, damit sie sich nicht am Grund absetzt. Zum Üben auf glattem, dichtem Papier arbeiten wir gut mit einer Tusche. Natürlich muß sie nicht immer schwarz sein, wir können die Wirkung von beliebigen Farben ausprobieren. Oft vermag schon eine kleine Abweichung von Schwarz auf getöntem Papier zu überraschen. Verschieben wir dieses Experiment aber vielleicht auf später: Schwarz auf weiß ergibt ein unbestechliches Bild von unseren Buchstaben.

Als Arbeitsplatz ist jede gut beleuchtete gerade oder wenig geneigte Fläche geeignet. Das Licht sollte von links oder von vorne einfallen und darf auf keinen Fall die Augen blenden. Die Höhe des Tisches ist im Verhältnis zum Körper so zu wählen, daß der Ellbogen, ohne angehoben zu werden, die Hand geradewegs auf den Tisch leitet. Dies gilt für das Schreiben im Sitzen und im Stehen. Wir legen das Papier gerade vor uns hin. Wenn wir es fürs Liniieren fest machen, müssen wir daran denken, es nötigenfalls hinauf zu schieben, um weiter unten am Blatt bequem weiterschreiben zu können. Denn es ist wichtig, daß auch am Ende eines Blattes die gleiche Schreibhaltung gewahrt bleibt, wie an seinem Anfang. Dabei bestimmt die volle Unterarmlänge den Abstand vom Körper zur Schreibstelle. Der Arm liegt unterhalb des Ellbogens auf. Nebst Papier und Schreibwerkzeug halten wir auch einen Becher Wasser bereit, in dem wir die Feder auswaschen können, und einen Lappen, sie abzureiben. Trotz Reinigung gilt: Für Tusche und Tinte nicht die gleiche Feder benutzen, die Tusche verdirbt sonst. Auch hier dient ein Sudelblatt nach dem Eintauchen der Feder dazu, sie mit ein paar Strichen abzustreifen, damit der Buchstabe nicht zu satt wird und der Übergang zum neuen Ansetzen sauber gelingt. Außerdem können wir uns darauf mit Linien und Kreisen einschreiben. Leichtes Handhaben unserer Schreibwerkzeuge bedingt eine entspannte Körperhaltung. Diese erzielen wir, indem wir, wie bei anderen konzentrierten Handlungen, unsere aufrechte Haltung zur Stärkung von Bauch und Becken durch tiefes Atmen unterstützen.

ALLE SCHLECHTEN
HANDWERKER
SCHIMPFEN AUF
IHR WERKZEUG

ANTIQUA

Den Anfang unserer Schreibübungen machen wir mit einer geschriebenen Form der Antiqua. Diese Schrift kann, wie in der Überschrift, als reine Großbuchstabenschrift (Majuskeln oder Versalien) oder mit entsprechenden Kleinbuchstaben verwendet werden. Wir versuchen uns zunächst mit den Großbuchstaben allein. Hier eine Überlegung zum Verhältnis der Buchstabenbreiten untereinander: Es ist ratsam, die einzelnen Buchstaben in ihrer Breite aufeinander abzustimmen und sie in Gruppen zusammengehöriger Formen zu ordnen. Als Ausgangsform nehmen wir das O, das in einer normallaufenden Schrift in Höhe und Breite gleich ist. Es kann in ein Quadrat eingeschrieben werden. Deshalb gehen wir bei den verschiedenen Breiten vom Quadrat und dessen Unterteilungen aus.

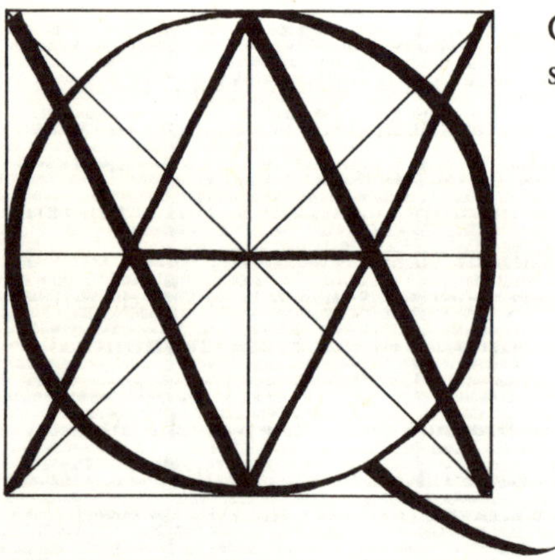

Gleichbreit mit dem O
sind das Q, das A und das V.

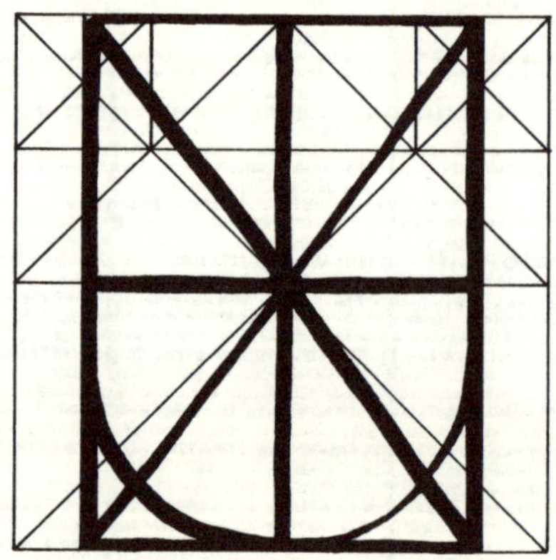

Dreiviertel des Quadrates
beanspruchen H, N, U, sowie
X, Y, Z und das T.

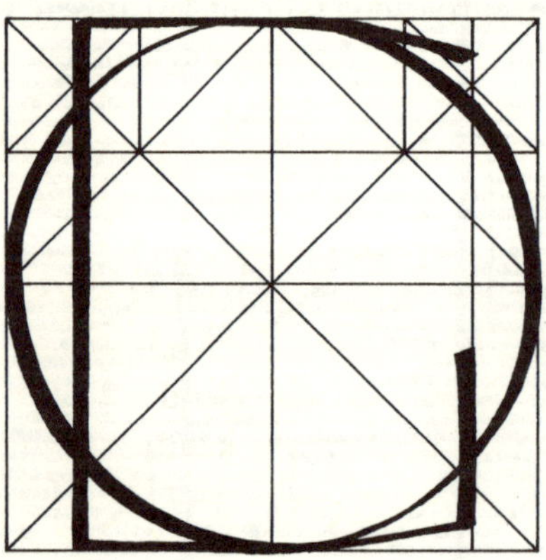

7/8 des Quadrates nehmen
G, D und C ein.

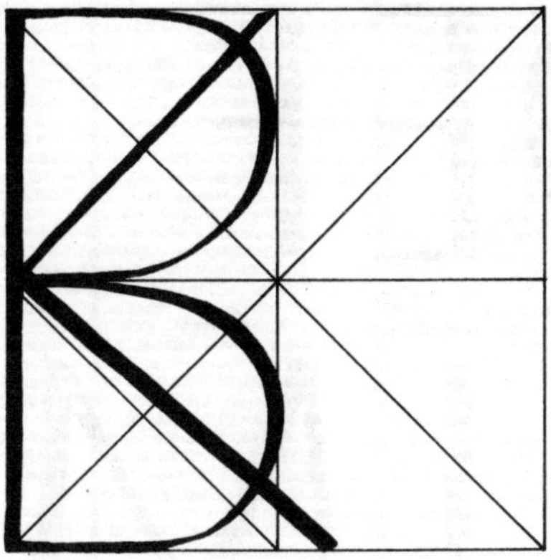

Die Hälfte des Quadrates benötigen B, P, R und K, wobei R und K mit dem Fuße über die Hälfte hinausstehen.

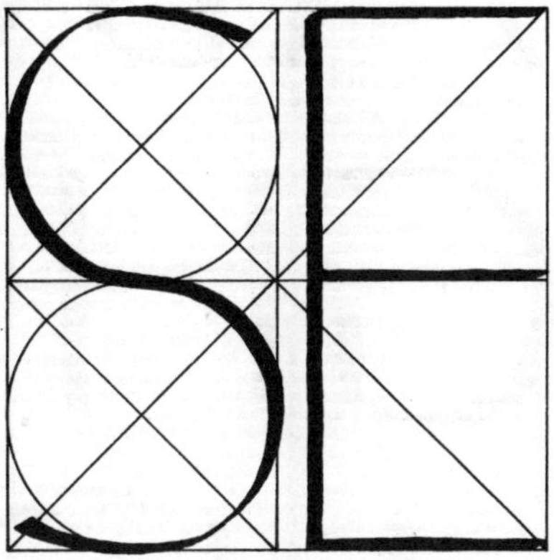

Auch das S entspricht der Breite des halben Quadrates. E, F, L dürfen etwas schmaler sein.

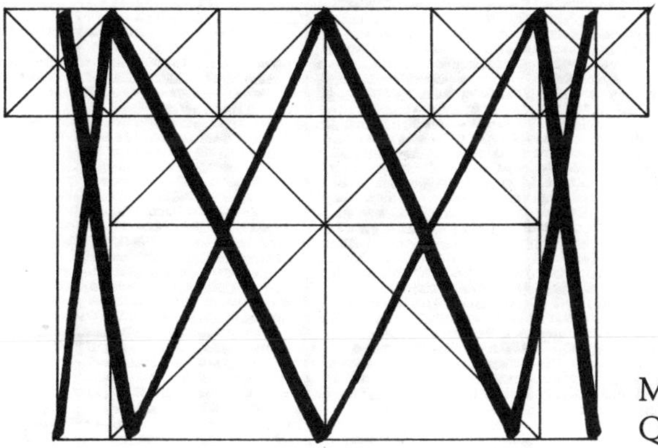

M und W überschreiten das Quadrat um ein Viertel.

Diese Aufstellung soll nicht dazu dienen, die Buchstaben mit dem Maßstab auszumessen. Sinn und Zweck ist es, Zuordnungen zu erkennen und die einzelnen Buchstaben durch Vergleichen in das rechte Maß zu bringen. Was wir erreichen wollen, ist ein zügiges Schreiben, bei dem man nicht erst Buchstaben oder Abstände ausmessen kann. Das hier aufgezeigte theoretische Gerüst unserer Buchstaben erfährt im Einzelnen freilich noch einige Änderungen. Aber es gibt den Grund, auf dem wir aufbauen können. Wir werden anschließend mit einer Breitfeder ein Alphabet entwickeln. Wer in größeren Maßstäben arbeiten will, kann auch den Pinsel nehmen. Er muß dann, wenn auf den folgenden Seiten von einer Feder die Rede ist, „Pinsel" denken.

ABCDEF
GHIJKLM
NOPQRS
TUVWX
YZ·12345
67890·Ä

ÖÜ/abcd

efghijklm

nopqrsßt

uvwxyz·?

12345678

90·&agk!

Auf den vorangegangenen Seiten steht das komplette Alphabet der Groß- und Kleinbuchstaben unserer Antiqua. Wir wollen uns diese Buchstaben gruppenweise zum Üben vornehmen. Die Gruppenzugehörigkeit bezieht sich diesmal nicht auf die Breite der Buchstaben, sondern auf Formen und Schwierigkeiten.
Auf einem weißen Papier, für den Anfang am besten ein etwas kräftiges Schreibmaschinenpapier, ziehen wir unsere Zeilen. Die Größe dieser Zeilen ist abhängig von der Federstärke. Wir können selbstverständlich in unterschiedlichen Stärken schreiben, aber es gibt ein Normalverhältnis, das wir zu Beginn einhalten wollen. Später werden wir dann noch zarter und kräftiger üben. Hier unser Maß: die Federbreite mal acht! Das heißt, wenn wir eine 3 mm breite Feder verwenden wollen, sind unsere Zeilen 24 mm hoch. Die so ermittelten Werte können natürlich auch zu runden Maßen gemacht werden. Der Zeilenabstand sollte etwas mehr als der Buchstabenzwischenraum zwischen senkrechten Balken sein.
Doch nun zum Anfang: Zuerst nehmen wir uns alle Buchstaben vor, die nur aus waagerechten und senkrechten Balken bestehen.

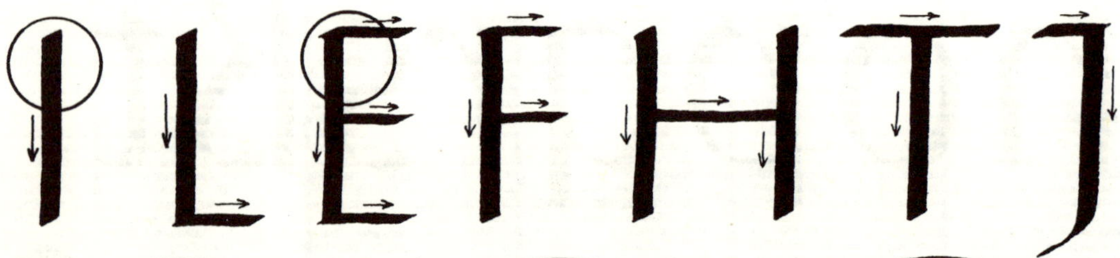

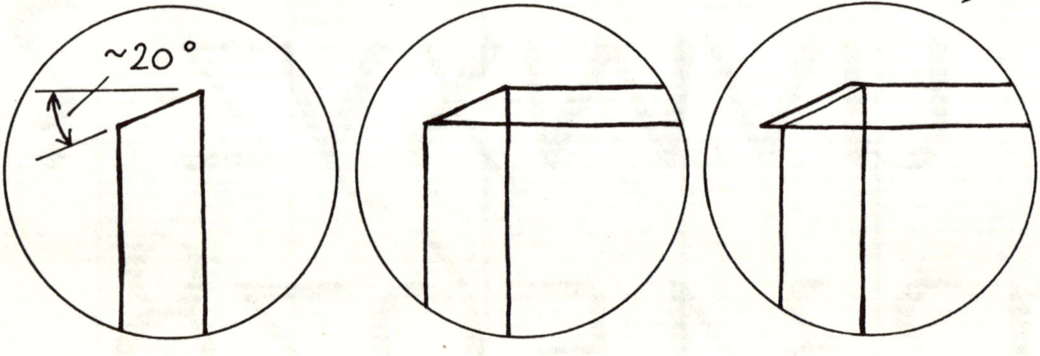

Das erste und wichtigste dabei ist, daß wir die Feder immer im gleichen Winkel zu unserer Zeile halten. Das sind ungefähr 20 Grad. Bei dieser Federhaltung ergibt sich für die Senkrechten und Waagerechten ein angenehmes Stärkenverhältnis. Die Pfeile zeigen, in welcher Richtung die Feder geführt wird. Die mit einem Kreis eingerahmten Buchstabenteile werden zur genaueren Betrachtung, und gegebenenfalls auch Erläuterung, nachstehend größer gezeichnet dargestellt. Im Falle des I soll die Federhaltung deutlich gemacht werden. Beim E oben soll gezeigt werden, wie sich aus der richtigen Federhaltung die Stärke für Senkrechte und Waagerechte ergibt. Außerdem wird im dritten Kreis gezeigt, wie beim E und an entsprechenden Stellen bei anderen Buchstaben der Ansatz für den waagerechten Balken leicht nach links versetzt werden kann. Dabei wird allerdings vor Übertreibungen gewarnt. Lieber glatt, wie es die erste Version zeigt, als zuviel des Guten. Beim E, F, H müssen wir noch etwas bedenken, was auch später für K, X, Y, B, R, P, S und bedingt auch für A gilt: die mittleren Buchstabenteilungen, die bei unserer Breitenordnung auf Seite 15 in der genauen Mitte liegen, stehen so nicht gut. Das Auge empfindet sie als zu tief stehend, der obere Raum erscheint zu groß. Wir müssen um so viel nach oben rücken, daß wir eine Höhe erreichen, die dem Auge angenehm ist. Dabei soll nicht auf Anhieb zu erkennen sein, daß diese Buchstabenteilung über der Mitte liegt. Man spricht von der optischen Mitte. Dies wird klar, wenn man sein geschriebenes Blatt einmal auf den Kopf stellt.

Schon bei diesen ersten Übungen wollen wir daran denken, daß Geschriebenes aus ständigem Wechsel von Buchstaben und somit Formen und Abständen besteht. Deshalb die Empfehlung, von Anfang an Buchstaben im Wechsel zu schreiben, zu Worten zusammen zu fassen, und mit den Buchstaben gleich Abstände in die Übungen einzubeziehen; dazu ein besonderes Wort: Wenn eine Zeile, ein Wort oder ein ganzer Absatz ein gutes Gesamtbild ergeben soll, müssen nicht nur die Buchstaben das rechte Maß besitzen, sondern auch die Abstände zwischen diesen ein Gleichmaß haben. Dies wird erreicht, wenn die Abstände zwischen den Buchstaben ungefähr die gleiche Breite haben. Hier ein Beispiel:

Die Abstände zwischen H und I und zwischen I und L stellen kein Problem dar – gleiche Bedingungen können gleich behandelt werden –, denn der Abstandsraum ist in beiden Fällen durch senkrechte Balken begrenzt. Zwischen L und F wird es schon schwieriger. Der offene Winkel des L bietet oben einen großen und unten einen kleinen Abstand. Um hier zu vermitteln, müssen wir entscheiden, welcher Anteil des L-Winkels gehört zum Buchstaben und was ist Leerraum bzw. Abstand. Die Erfahrung hat gezeigt, daß die Trennung ungefähr so vorgenommen werden kann, wie es hier dargestellt ist. Jetzt muß nur noch die verbliebene Fläche mit den benachbarten zwischen I und L verglichen werden. Wenn beide Grauflächen gleich groß erscheinen, ist unser Problem gelöst. Dieses Beispiel zeigt auch, daß der Buchstabe L nicht zu breit geschrieben werden sollte, da er sonst große Löcher in das Schriftbild reißt. Sinngemäß so müssen wir mit allen Abständen verfahren, wobei wir die Grauflächen natürlich nur in Gedanken machen.

Als nächstes kommen Buchstaben mit Schrägbalken. Auch hier gilt die unveränderte Federhaltung. Aus der Pfeilrichtung sehen wir, wie die Feder geführt werden soll. Beim K wird im Kreisbild gezeigt, wie der Winkel der beiden Schrägbalken anschließt, das heißt, daß er allenfalls berührt, aber nicht hineinläuft. Beim A klärt die Kreisskizze am Buchstabenkopf, wie die beiden Schrägbalken aus demselben Ansatz nach links und rechts unten gezogen werden.

Das Umgekehrte gilt für das V unten. Man muß dabei, von oben kommend, richtig treffen, was zugegeben etwas schwierig ist. Beim Y treffen in der Mitte an der gleichen Stelle drei Balken zusammen. Außerdem denken wir bei K, X und Y an die optische Mitte! Der Querstrich beim A darf um wenig tiefer sitzen. Das gilt vor allem, wenn das A schmaler ist oder die Balkenstärken größer sind.

Jetzt wenden wir uns den großen Rundungen zu.

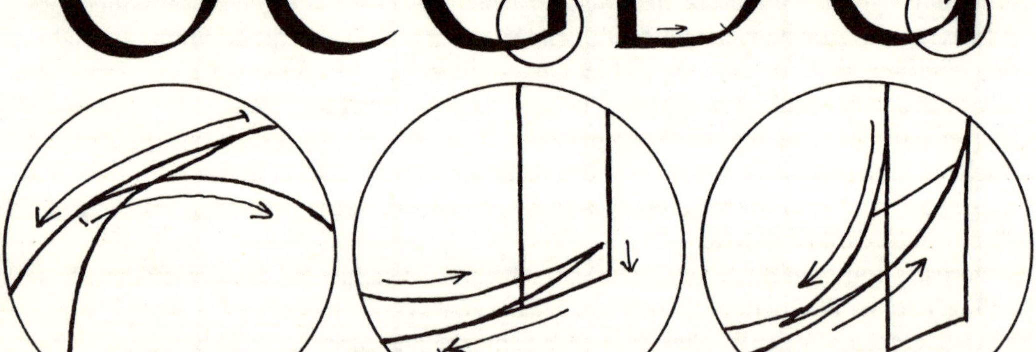

Hier ist der wichtigste Buchstabe das O. Das Detail zeigt, daß der Federansatz 1. nach links und 2. nach rechts nicht stumpf aneinanderstößt, sondern ein kurzes Stück gleichlaufen soll. Dadurch wird erreicht, daß die Rundung durchläuft und keine Ecken bekommt. Beim ersten Ansatz ist es wichtig, daß weit genug nach links zum Bogen ausgeholt wird. Der häufigste Fehler beim O ist, zu schmal und gerade nach unten zu fahren. Wer damit Schwierigkeiten hat, kann eimal versuchen, einen Kreis in der Größe des O mit Bleistift dünn zu zeichnen und dann mit der Feder nachzufahren. Dabei den Bleistiftstrich in die Mitte des Federstriches nehmen. Nach einigen Versuchen wird sich das Gefühl für die richtige Federführung verbessert haben. Der G-Abschluß unten rechts soll deshalb wie gezeigt gehandhabt werden, damit der Abschluß nicht zu hoch sitzt und eine klare Ecke entsteht. Der Ansatz von C und G oben ist gleich dem O. Den oberen Abschluß nicht zu tief ziehen. Beim D achten wir vor allem darauf, daß das erste Stück oben waagerecht verläuft, bis es in die Rundung übergeht. Diese Rundung darf eine leichte Betonung nach oben haben. Beim U gilt es, die Rundung früh genug anzusetzen und sie so in die rechte Senkrechte einlaufen zu lassen, daß eine Verlängerung nach oben diesen Balken nicht schneidet, sondern in ihn übergeht. Bitte die Breiten beachten, denn von diesen fünf Buchstaben wird häufig das D zu schmal und das C zu breit geschrieben.
Nun zu den kleinen Rundungen:

Beim B und R ist der mittlere Anschluß an die Senkrechte genauso zu behandeln wie beim K. Die optische Mitte ist wieder zu beachten. Als Ergebnis wird beim B der untere Bogen nicht nur etwas höher, sondern auch ein wenig breiter. Für das P werden zwei Abschlußmöglichkeiten angeboten. B und R haben im oberen Bogen eine leichte Betonung nach oben. So wird ein besserer Anschluß des unteren Teiles ermöglicht. Der Bogen des P ist etwas voller und ähnelt in der Form, wenn auch nicht in der Größe dem D. So wie das O aus dem Kreis, kann das S aus zwei übereinanderliegenden Kreisen entwickelt werden. Den oberen und unteren Abschluß nicht zu weit nach innen ziehen. Die Feder darf beim S etwas steiler gestellt werden. In der Zeichnung ist der mögliche Unterschied zur Normalhaltung gezeigt. Außerdem erkennt man, daß für den optischen Ausgleich der obere Kreis kleiner als der untere eingezeichnet ist. Damit die Rundungen so groß wie möglich sind, darf das Mittelteil nicht zu schräg laufen.

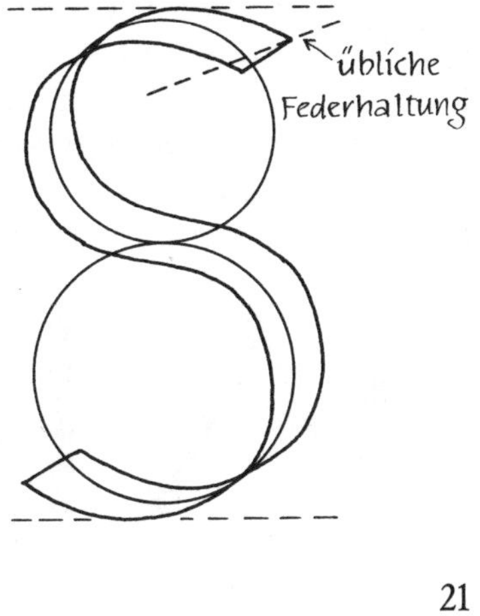

Jetzt kommen 4 Buchstaben, bei denen wir von der gewohnten Federhaltung abweichen.

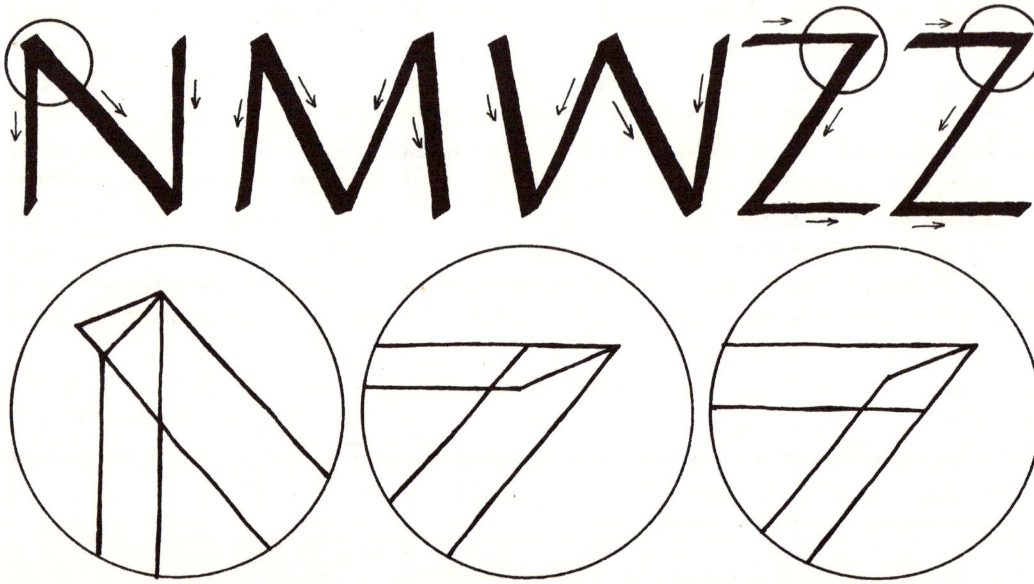

Wenn wir die senkrechten Balken des N, den ersten Balken vom M und den letzten vom W in unserer gewohnten Federhaltung schreiben würden, gerieten diese Buchstaben zu plump, während das Z zu mager würde, da es nirgends die volle Stärke hätte. Um zu einer guten Lösung zu kommen, müssen wir beim N die senkrechten Balken dünner machen. Dazu wird die Feder steiler gedreht. Die Darstellung im Kreis zeigt, wie der obere linke Kopf des N dann aussieht. Dasselbe muß beim ersten M-Balken und beim letzten W-Balken geschehen. W und M dürfen außen nicht zu schräg stehen. Für das Z zeigen wir wieder zwei Möglichkeiten. Haben die waagerechten Balken Normalstärke, muß der Schrägbalken durch Waagerechtdrehen der Feder verstärkt werden. In der zweiten Version werden die waagerechten Balken durch ein Steilerdrehen der Feder stärker und der Schrägbalken kann in Normalhaltung geschrieben werden. Die beiden Detailzeichnungen wollen das verdeutlichen. In der reinen Großbuchstabenschrift ist das erstgezeigte Z vorzuziehen.
Damit wäre das Wesentliche zu den Antiqua-Großbuchstaben gesagt. Wer alles verstanden hat und richtig anwendet, wird bald daran gehen können, ein Blatt wie es am Ende des Kapitels steht, zu schreiben. In den meisten Fällen ist es aber ratsam, noch einige Übungsblätter voll zu schreiben. Es ist gut, möglichst früh fortlaufende Texte zu üben. Dabei dürfen wir die

Wortabstände nicht vernachlässigen. Der Wortabstand soll so groß sein, daß er sich deutlich von den Buchstabenabständen innerhalb eines Wortes unterscheidet. Er soll keine Löcher in das Schriftbild reißen. Ein in Gedanken mitgeschriebenes I ergibt ein brauchbares Maß, wie beim Beispiel: WIR SIND. Bei sehr ausgeglichenen Buchstabenabständen darf es geringfügig weniger sein. Es stellt einen guten Übungsabschluß für eine Schriftform dar, ein großes Blatt mit einem ansprechenden Text gefüllt zu schreiben. Wenn dann die erste und die letzte Zeile die gleiche Qualität haben, können wir an eine neue Schriftform gehen. Dem geübten Schreiber macht dies schon deutlich weniger Mühe, da die Formzusammenhänge meist ähnlich sind.

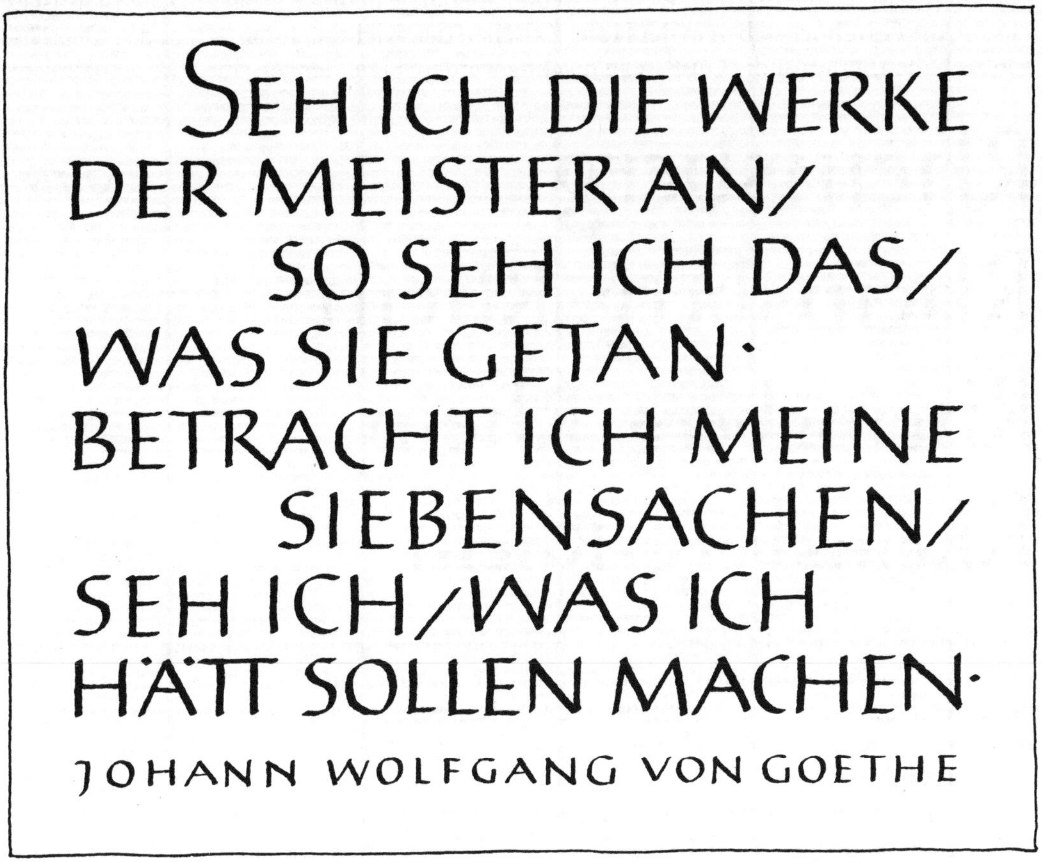

Dieser Text in unserer erarbeiteten Antiqua-Großbuchstabenschrift zeigt uns folgendes: Der Anfang der eingerückten Zeile ist durch einen größeren Buchstaben in der gleichen Federstärke ausgezeichnet. Die Zeilenteilung ist so gewählt, daß der Text nicht an unpassenden Stellen auseinandergerissen wird. Die Zeilen schließen wechselweise rechts und links an. Der Autorenname ist in einer kleineren und dünneren Schrift geschrieben. TT ist zusammengezogen. Auch RA ist zusammengerückt, weil sonst der Abstand zu groß ist. Punkt und Komma bitte beachten.

Kleinbuchstaben

Bevor wir nun die Kleinbuchstaben schreiben, müssen wir deren Größe feststellen. Bei unserer Vorlage haben wir die Großbuchstaben 24 mm, die Kleinbuchstaben 18 mm hoch gewählt, das entspricht 3/4 der Höhe der Großbuchstaben. Je nach Verwendungszweck und persönlichem Geschmack kann das Verhältnis auch anders gewählt werden. Beliebt ist es, für die Kleinbuchstabenhöhe 2/3 der Großbuchstaben zu wählen, oder die Teilung nach dem goldenen Schnitt mit 1 : 0,618. Wenn man die Oberlänge deutlich größer machen will, ist es ratsam, die Großbuchstaben in der Höhe zwischen den Kleinbuchstaben und den Oberlängen zu halten, da sonst die Großen zu mächtig werden. Hier vier verschiedene Verhältnisse.

Rheinsberg — 1 — 0.75

Rheinsberg · Rhein — 1 — 0.6

Rheinsberg · Rhein — 1 — 0.5

Rheinsberg · Rhein — 1 — 0.4

Da für den Gesamteindruck eines Schriftbildes die Höhe der Kleinbuchstaben ohne Ober- und Unterlängen, wir nennen dies in Zukunft die n-Höhe, ausschlaggebend ist, wollen wir bei unseren zukünftigen Schriftblättern für die Bestimmung der Zeilenabstände von dieser n-Höhe ausgehen. Auf der nächsten Seite sind einige Beispiele für unterschiedlichen Zeilenabstand gegeben. Dabei ist zu beachten, daß für ein geschlossenes Gesamtbild der Zeilenabstand klein gehalten werden muß. Schwierigkeiten bereiten hier die Ober- und Unterlängen, da wir ja vermeiden wollen, daß sie sich überschneiden. Vorsicht vor allem mit den Unterlängen! Erst wenn der Zeilenabstand größer ist, können wir überhaupt das Verhältnis Oberlänge zur n-Höhe anwenden. Wollen wir eine sehr betonte Zeilenwirkung erreichen, dürfen wir trotz des großen Zeilenabstandes die Großbuchstaben und Oberlängen nicht zu hoch führen, weil sonst die gewünschte Zeilenwirkung teilweise aufgehoben wird. Für gute Zeilenwirkung und hohe Oberlängen müssen die Zeilenabstände besonders groß sein und die Großbuchstaben wie beim Beispiel „Rhein" trotzdem kleiner. Wenn zu diesem Spiel mit verschiedenen Abständen und Oberlängen später noch der Wechsel mit unterschiedlichen Stärken kommt, werden wir vielfältige Anwendungsmöglichkeiten haben.

Unterschiedliche Zeilenabstän=
de beeinflussen sehr stark das
Gesamtbild einer Schrift·

Magere und fette/sowie breit-
und schmallaufende Buch=
staben erweitern die Möglich=

keiten/mit unserer Antiqua
unterschiedlichste Wirkungen
zu erzielen·Haben wir sehr

große Zeilenabstände/bekom=

men wir ein stark zeilenbe=

tontes Schriftbild·wie hier·

Doch nun zu den Kleinbuchstaben selbst: Als Ausgangsform nehmen wir das n. Da das n und die formverwandten Buchstaben m, h, u häufig vorkommen, prägen sie das Gesamtschriftbild wesentlich. Folglich ist die Breite, die wird dem n geben, ein Grundmaß, dem sich die anderen Buchstaben unterordnen müssen. Für eine normallaufende Schrift, wie sie in unserer Vorlage steht, hat das n als Breite etwa 3/4 seiner Höhe. Für die anderen Buchstaben gilt, daß sie sich dem n beiordnen müssen, ohne durch zu große Öffnung oder einen zu schmalen Stand aufzufallen. Um das zu erreichen, müssen auch die Abstände zwischen den Buchstaben das rechte Maß aufweisen. Im Gegensatz zur reinen Großbuchstabenschrift gibt es hier nicht die Möglichkeit, das Schriftbild durch größere oder kleinere Abstände unterschiedlich zu gestalten. Hier bestimmt die Buchstabenbreite gleichzeitig auch das Grundmaß für den Abstand. Der Innenraum des Buchstabens und der Abstand zwischen ihnen sollen eine Einheit sein. Zwischen den Buchstaben, durch die Öffnungen nach unten und oben hin bedingt, ist der Abstand maßlich etwas geringer als der Raum im Buchstaben. Man kann auch sagen, daß der Abstand von Buchstabenbalken zu Buchstabenbalken optisch immer gleich sein soll, unabhängig davon, ob es sich um einen Buchstabenabstand oder um einen Buchstabeninnenraum handelt. Das oben Gesagte erhellt sich am einfachsten, wenn man sich die Alphabete und die Anwendungsbeispiele daraufhin gründlich anschaut und versucht, es ähnlich zu machen.

Hier sind nun 3 verschiedene n-Formen. Die erste Form ist am leichtesten zu schreiben, sieht dafür aber etwas steif aus. Unserer Vorlage entspricht das zweite n. Hier läuft der Bogenansatz aus dem geraden ersten Balken etwa aus der Mitte ansatzlos heraus. Grundsätzlich soll die Federhaltung dieselbe sein wie bei den Großbuchstaben. Wenn der Ansatz des Bogens etwas zu plump aussieht, kann an diesem Ansatz die Feder ein wenig steiler gedreht werden, um diesen Einlauf, den man durch Nachfahren in Richtung des gestrichelten Pfeiles verbessern kann, eleganter zu bekommen. Das Zurückdrehen der Feder auf Normalhaltung darf nicht vergessen werden. Wer beim Schreiben die Feder schon etwas steiler hält, braucht allerdings nicht zusätzlich zu drehen. Dafür werden hierbei die Senkrechten ein wenig zu schwach und die Waagerechten zu stark. Die dritte n-Form zeigt den Bogenansatz schon vom Fuße des ersten Balkens ausgehend. Diese Schriftform gibt dem Ganzen ein anderes Aussehen und sollte vor allem für den Anfang nicht gemacht werden. Wir werden dies später bei einer Variation des Grundalphabets wieder aufgreifen. Über diesen Bogenansatz wollen wir jedoch nicht vergessen, daß noch anderes zu beachten ist. Der erste Balken bekommt zu Anfang einen kurzen Anstrich in Richtung der Federhaltung. Er darf auf keinen Fall zu lang gemacht werden. Zum Abschluß des Buchstabens haben wir die ähnliche Form als Abstrich. Was hier für das n gesagt ist, gilt entsprechend auch für das m und h, während das u ein umgekehrtes n ist. Beim r ist der Ansatz wie beim n, nur daß wir den

Bogen nicht so weit führen dürfen, da es sonst Schwierigkeiten mit dem Abstand gibt. Abstände erfüllen eine wichtige Funktion. Wenn Buchstaben zu eng stehen, verschmelzen die Buchstabenteile über die geringen Zwischenräume hinweg zu einer Einheit und die Lesbarkeit ist erschwert.

Eine weitere Buchstabengruppe umfaßt die Rundungen o, c, e. Für das o und c gilt vom Schreiben her, was schon bei den Großbuchstaben dazu gesagt ist. Das e ist im linken Bogen wie das c. Der Schrägstrich für den e-Kopf soll nicht zu schräg sein und nicht zu weit nach unten gezogen werden. Die Breitenordnung dieser Buchstaben ist auf der vorhergehenden Seite in dem Wortbild „enoch" zu sehen. Besonders ist beim c, das ja bei uns meistens in Verbindung mit h oder k auftritt, darauf zu achten, daß es nicht zu weit von diesen Folgebuchstaben weg steht. Da es als Laut mit h oder k oder sch eine sprachliche Einheit bildet, sollte dies auch optisch erkennbar sein.

Eine besonders schwierige Gruppe bildet die Kombination von geraden und runden Buchstabenteilen wie bei b, d, p, a, g.

Würden wir beim d eine Rundung wie das o schreiben, und einen senkrechten Balken dahinter setzen, so würde der untere Abschluß der Rundung an die Senkrechte zu eng wirken und der obere Anschluß zu dick. Das letzte d im Beispiel zeigt diese ungünstige Form. Deshalb wird die Rundung des d schräg gestellt und nicht voll durchgezogen wie beim o. Der linke Teil der Rundung wird wie immer zuerst geschrieben, der untere Auslauf aber höher gezogen, als es beim o üblich ist. Dann wird der senkrechte Balken gesetzt. Stimmt der Einlauf der unteren Rundung in die Senkrechte noch nicht, wird der Anschluß aus der Senkrechten nach unten verbessert. Zuletzt ziehen wir die obere Rundung leicht schräg nach unten in den senkrechten Balken hinein. Bei q, a, g wird wie beim d zunächst der linke Bogen geschrieben, dann aber gleich der obere Abschluß mit der Ecke zum senkrechten Balken hin. Falls nötig verbessern wir auch hier den Einlauf der unteren Rundung. Beim g ist natürlich noch der untere Bogen anzusetzen. Bitte nicht zu tief! Während das p dem umgekehrten d gleichkommt, würde ein umgekehrtes q für b mit der Ecke am unteren Anschluß nicht so gut aussehen. Deshalb machen wir das b unten auch rund, da es sich auch so flüssiger schreiben läßt.

Bei all diesen Schwierigkeiten dürfen wir nicht außer acht lassen, daß diese Buchstaben sich größenmäßig in das Gesamtbild einordnen müssen. Auf die Besprechnung der Buchstaben s, v, w und z können wir hier verzichten, weil sie in ihrer Form den Großbuchstaben entsprechen. Beim z sollten wir der Betonung des waagerechten Balkens den Vorzug geben, das ist bei den Großbuchstaben der zweite Vorschlag.

Das a und g sehen normalerweise in der Antiqua anders aus, als wir es in der Buchstabengruppe mit d, b, q, p geschrieben haben. Die Form des a ist dem d verwandt, aber im Gegensatz zum d wird der obere Bogen mit anschließender Senkrechte zuerst geschrieben. Dann wird die kleine Rundung ähnlich der d-Rundung behandelt. Für das g sind hier zwei Versionen angeboten. In beiden Fällen ist die obere Rundung deutlich kleiner als das o. Das erste g ist die übliche Form, das zweite eine Vereinfachung.
Nun zu den restlichen Buchstaben des Alphabets:

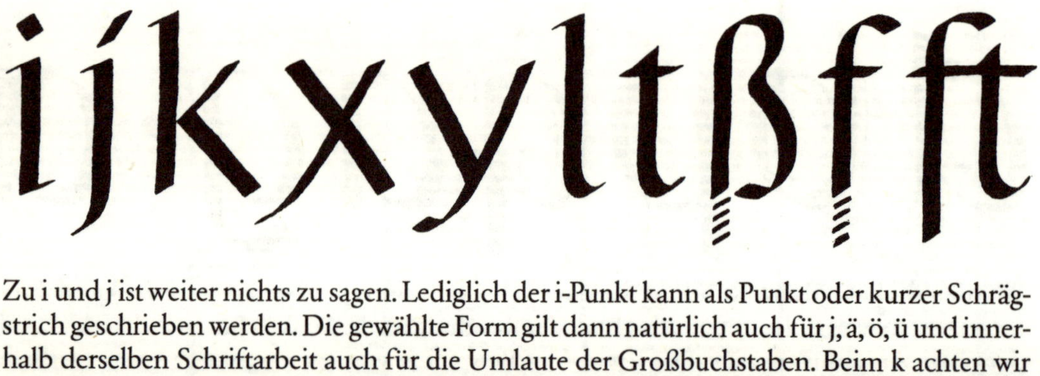

Zu i und j ist weiter nichts zu sagen. Lediglich der i-Punkt kann als Punkt oder kurzer Schrägstrich geschrieben werden. Die gewählte Form gilt dann natürlich auch für j, ä, ö, ü und innerhalb derselben Schriftarbeit auch für die Umlaute der Großbuchstaben. Beim k achten wir darauf, daß die beiden Schrägbalken nur als Spitze an den senkrechten Balken anstoßen. Das x kann so wie das große X geschrieben werden, oder aber wie hier mit der leichten Ausschwingung unter die Zeile. Beim y achten wir darauf, daß die Unterlänge nicht zu tief kommt. Damit sie aber nicht zu sparsam aussieht, ist es gut, die obere v-Form ein wenig über die Grundlinie zu setzen. Das l und t schließen unten mit einer vollen, aber nicht zu großen Rundung ab. Das t hat keine richtige Oberlänge. Beim Schreiben setzen wir die linke obere Federkante an die obere Zeile und ziehen unseren Strich nach unten mit abschließendem Bogen. Am ersten Ansatz wird die Feder dann wieder angesetzt, in der Richtung der Federkante nach links unten gezogen, bis die rechte Federkante ein weniges unter der oberen Zeile liegt. Dann nach rechts den waagerechten Strich ziehen. Wenn die Spitze über der Zeile zu stumpf wirkt, kann man sie mit der verkanteten Feder ein wenig höher ziehen. Die Form des t bleibt gleich, auch wenn die anderen Oberlängen erhöht werden. Das scharfe s = ß ist die Kombination aus dem langen s und dem Schluß-s. Dies sind Formen, die heute nur noch in den sogenannten deutschen Schriften üblich sind. Es ist deshalb falsch, das scharfe ß als ein s und ein z zu schreiben. Beim f ist darauf zu achten, daß der obere Bogen nicht zu knapp ausfällt und der waagerechte Balken ein wenig unter der Zeile sitzt. Das scharfe ß und das f können auch mit Unterlänge geschrieben werden.

Zum Abschluß noch drei andere Formen für k, r, d. Diese sind nur zu empfehlen, wenn die Schrift zügig geschrieben wird und einen gewissen Handschriftcharakter annimmt. Im anschließenden Schrifttext wollen wir versuchen, nur mit Kleinbuchstaben eine möglichst ruhige und gleichmäßige Flächenfüllung zu erreichen.

bei manchem werk
eines berühmten
mannes möchte ich
lieber lesen / was er
weggestrichen hat /
als was er hat
stehen lassen ·

L I C H T E N B E R G

Um ein leichtes offenes Gesamtbild zu erzielen, wurde der Zeilenabstand hier größer gehalten als die n-Höhe. In diesem Fall beträgt die n-Höhe 6 mm, der Zeilenabstand 8 mm. Auch die Anordnung der Zeilen auf Mittelachse trägt zum ruhigen Bild bei. Durch den geringen Raum am Rand wird der offene Eindruck unterstrichen. Würde man mehr Platz um den Text geben, würde er geschlossener erscheinen.

ABCDEFGH
IJKLMNOP
QRSTUVW
XYZ·abcddef
gghijkklmn
opqrrsßtuv
wxyz·123456
7890·kräftig

Bevor wir zu anderen Schriftformen übergehen, wollen wir erst einige Variationen zu der erarbeiteten Antiqua vornehmen. Zunächst eine kräftige oder fette Form. Die Maßverhältnisse für das gegenüberliegende Blatt sind: Federbreite 4 mm, Großbuchstabenhöhe 18 mm = Federbreite mal 4 1/2, n-Höhe 13 mm, das ist ungefähr 0,7 der Großbuchstaben. Auf die n-Höhe bezogen heißt das: Federbreite mal 3 1/4. Der Zeilenabstand zwischen den Großbuchstaben beträgt 1/3 der Höhe, auf n-Höhe bezogen ergibt das etwas weniger als die n-Höhe. Diese Verhältnisse können natürlich jederzeit verändert werden. So kann diese kräftige Schrift gerade bei größerem Zeilenabstand als reine Versalschrift (Großbuchstabenschrift) und auch bei Kleinbuchstaben eine sehr schöne betonte Zeilenwirkung bekommen. Bei kleinem Zeilenabstand mit Unterdrückung der Großbuchstaben und Oberlängen ergibt sich eine geschlossene Dunkelfläche von großem graphischen Reiz, bei allerdings geringer Lesbarkeit.
Für das Schreiben dieser Formen, und zwar zunächst der Großen, gilt eigentlich genau das, was auch zur Grundform gesagt ist. Das Steilerdrehen der Feder bei den senkrechten N-Balken, dem ersten M-Balken und dem vierten W-Balken ist hier besonders wichtig. Bei den waagerechten E- und F-Balken ist die Feder am Ende des Striches leicht steiler gedreht, wodurch eine geringe Verstärkung entsteht. Bei genauer Betrachtung der Vorlage wird man sehen, daß an vielen Stellen durch leichte Drehungen und kurze An- und Abstriche die Balkenendungen leicht betont werden, wodurch die Schrift markanter wird. Diese Dinge sind gerade bei der kräftigen Form wichtig, da hier die Schrift leicht plump wirken kann. Zu den Kleinbuchstaben ist folgendes zu sagen: Bei g, k und r ist jeweils die zweite Form vorzuziehen, weil sie räumlich die besseren Wirkungen bringen. Bei d kann man sich für die Form entscheiden, die besser von der Hand geht. Der Anlauf aus dem ersten n-Balken zum Bogen ist hier besonders empfindlich, da bei zu flacher Federführung der Übergang zu plump wird. Es ist wichtig, für diesen Teil die Feder leicht zu drehen. Für alle ähnlichen Buchstabenteile gilt das auch. Das s macht ein wenig Mühe, weil bei normaler Strichführung die beiden Halbbögen oben links und unten rechts einfach zu klein bleiben. Ein stärkeres Durchbiegen des Mittelteiles hilft, so daß der linke Bogen tiefer und der rechte Bogen höher als die Zeilenmitte steht. Beim z ist auf jeden Fall die Stärke in der Waagerechten vorzuziehen.

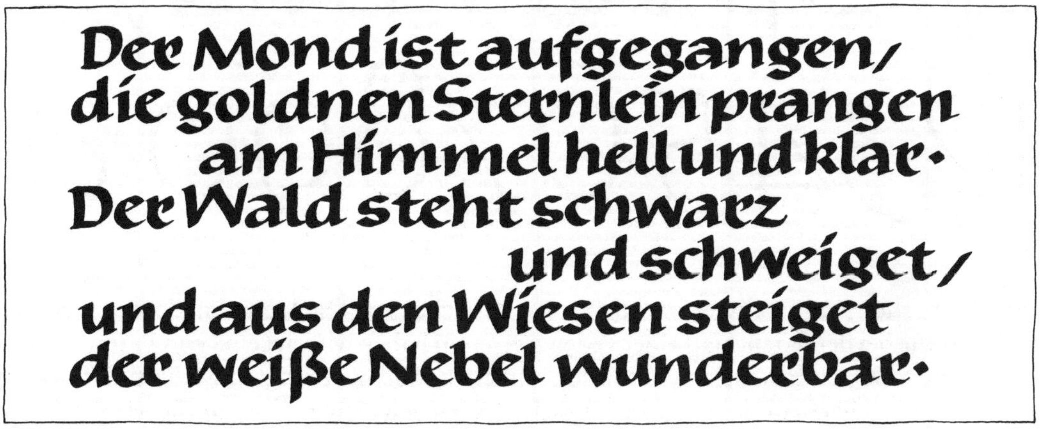

ABCDEFGH
IJKLMNOP
QRSTUVW
XYZ·abcdefg
hijkklmnop
qrsßtuvwxyz
1234567890·ä

Nach der fetten Form nehmen wir uns eine sehr leichte vor. Die Höhenmaße sind hier die gleichen wie bei der fetten. Statt einer Feder von 4 mm haben wir jetzt eine von 1 mm. Selbstverständlich liegen dazwischen viele Möglichkeiten. Die aufgezeigten Maße sind Grenzwerte. Für noch leichtere Schriften bieten sich verschiedene Spitzfedern an, die wir aber jetzt

nicht behandeln wollen. Bei der leichten Schrift fällt es oft schwer, die Buchstaben und die entsprechenden Abstände breit zu halten. Außerdem ist die Form der Buchstaben empfindlicher. Dies zeigt sich am besten beim O. Während bei der kräftigen Schrift durch den Wechselzug der breiten Feder eine eigengesetzliche Form entsteht, ist bei der geringen Federstärke und dem wenig ausgeprägten Wechselzug das O schon mehr ein Kreis. Es ist aber leichter, ein gutes O zu schreiben, als einen guten Kreis zu zeichnen. Zu den Großbuchstaben ist nichts Neues zu sagen. Form und Verhältnisse sind in etwa der Normalantiqua gleich. Die Andeutung von Anstrichen und „Füßchen" sollte deutlich und klar, aber nicht zu stark sein. Wenn die Art der Feder es zuläßt, kann man durch stärkeren Druck am Anfang der Balken auch noch etwas Leben in die Formen bringen.
Bei den Kleinbuchstaben ist gegenüber der Grundart außer der Stärke noch eine Änderung angebracht. Wenn wir beim n nach dem ersten senkrechten Balken den Bogenansatz betrachten, stellen wir fest, daß hier der Anlauf schon am unteren Ende beginnt. Durch das schräge Hochführen kommt der höchste Bogenpunkt deutlich nach rechts. Diese Form muß fleißig geübt werden, da das Prinzip in gleicher oder ähnlicher Art bei vielen Buchstaben vorkommt. Wir wollen uns davor hüten, diesen Aufstrich zu schräg zu führen, weil sonst oben statt einer Rundung eine Ecke erscheinen würde. Wer in dieser Richtung übertreibt, wird bald eine Form wie das deutsche Handschrift-n erreichen. Wie bei manchen Handschriften fällt es dann schwer, ein n von einem u zu unterscheiden. Für alle übrigen Formen gilt das schon früher Gesagte.
Doch nun zu den Ziffern. Wir haben drei Möglichkeiten, Ziffern im Schriftbild zu verwenden: Zur Großbuchstabenschrift alle Ziffern in gleicher Höhe mit den Buchstaben. Bei Groß- und Kleinbuchstabenschrift entweder alle Ziffern gleichhoch, in der Höhe zwischen den Großen und Kleinen, oder so, wie bei diesem Alphabet mit Ober- und Unterlängen. Dabei haben 1, 2 und 0 die n-Höhe, 3, 4, 5, 7, 9 Unterlänge und 6 und 8 Oberlänge. Bitte beachten, daß bei 2, 5 und 7 die Waagerechten kräftiger sind (Federdrehung) als normal. Es empfiehlt sich, die 8 aus zwei übereinander gestellten kleinen o zu schreiben.

SCHLOSS ST· JOHANNISBURG
eine Kurmainzische Burg wurde
1122 neu befestigt und erhielt im
14· Jahrhdt· einen neuen Haupt=
turm, der heute noch besteht·

Dieses Beispiel wurde gewählt, um Versalschrift mit Kleinbuchstabenschrift gemischt zu zeigen und außerdem Ziffern unterzubringen. Bestimmend für die Schriftbildbreite war die obenstehende Versalzeile. Die Textzeilen sind im Wechsel rechts und links abgeschlossen. Die Versalzeile entspricht den Großbuchstaben des übrigen Textes.

Kursiv·abcde
fgghijkklmnn
opqrsßtuvwx
yz·ABCDEFG
HIJKLMNO
PQRSTUVW
XYZ·ÄÖÜäö!
1234567890·

Unter Kursiv verstehen wir Schriften, die eine Schräglage haben. Der Winkel, mit dem wir eine Kursive schreiben, kann unterschiedlich sein. Im allgemeinen werden es zwischen 70 und 85 Grad sein. Nun wollen wir die wesentlichsten Unterschiede zur geradestehenden Antiqua außer der Schräglage aufzählen. Grundsätzlich ist der Lauf der Schrift etwas schmaler. Die Grundverhältnisse, die wir uns zu Anfang bei den Großbuchstaben erarbeitet haben, werden reduziert. Dabei sind die großen Rundungen stärker betroffen als die schmaleren Buchstaben. Bei den Kleinbuchstaben veringert sich das Buchstabengrundmaß, aber die Gleichheit von Buchstabeninnenraum und Buchstabenzwischenraum bleibt selbstverständlich erhalten. Anstriche und Abstriche der Kleinbuchstaben werden leicht gerundet. Dabei vor Übertreibungen hüten. Das f und das ß bekommen Unterlängen, a wird in der großen Rundung geschrieben, während beim g weiterhin beide Formen möglich sind. Beim r ist wieder die zweite Form vorzuziehen, da sie die Zeile besser füllt. Die Oberlängen von b, h, k und l können oben mit einer leichten Rundung von rechts nach links anlaufen, müssen aber rasch in eine Gerade übergehen, damit dieser lange Strich nicht bucklig wirkt. Beim d sieht das nicht so gut aus. Hier wird man ohne Anstrich oder Bogen den Strich gerade nach unten führen und erst am unteren Ende den knappen Schlußbogen schreiben. Nun ein kleines Beispiel aus dieser Schrift:

War einmal ein Bumerang /
war ein weniges zu lang ·
Bumerang flog ein Stück /
aber kam nicht mehr zurück ·
Publikum noch stundenlang
wartete auf Bumerang ·

J O A C H I M   R I N G E L N A T Z

Da die sechs Zeilen des Gedichtes ungefähr gleich lang sind, ergibt sich eine gute gleichmäßige Flächenfüllung. Trotzdem ist nicht der Versuch gemacht, sie in einen Block zu zwängen, da man ohne Ziehen und Drücken doch nicht auskäme und fast gleichlange Zeilen unschöne Abschlüsse ergäben.

abcddefgghijkkln
mopqrrsßtuvwxy
za·ABCDEFGHIJKL
MNOPQRSTUVW
XYZ·1234567890&
Schmale Antiqua/

Wenn der etwas schmalere Lauf der Kursiv schon Schwierigkeiten macht, so ist dies bei einer ausgesprochen schmallaufenden Schrift noch problematischer. Zwischen der normallaufenden Schrift und der hier gezeigten sind viele Stufen möglich. Auch kann man, vor allem bei geringerer Federbreite, noch schmaler werden. Hier sind Groß- und Kleinbuchstaben in schmalen Lauf gebracht. Die Schrift so angewandt, wird ruhige gleichmäßige Flächen ergeben. Man kann Leben in das Schriftbild bringen, indem man die Großbuchstaben in der vol-

len Breite der normallaufenden Schrift schreibt. Dann muß man allerdings darauf achten, daß keine unangenehme Häufung von Großbuchstaben auftritt. Außerdem können als Großbuchstaben auch die Kursiv-Schwungbuchstaben von Seite 40 / 41 verwandt werden. Sie können in der Kursivlage bleiben oder gerade gerichtet werden. Am besten probiert man für sich die unterschiedlichen Möglichkeiten aus.
Nun zu den Buchstaben selbst: Zunächst die Großen. Die Maßverhältnisse unserer Antiqua, wie wir sie zu Beginn des Buches stehen haben, die von der O-Breite ausgehen, gelten hier nur noch mit Vorbehalt. Wir müssen, vor allem wenn wir die Großbuchstaben alleine verwenden, das Zusammenspiel der verschiedenen Buchstabenbreiten vom Gefühl her entwickeln. Löcher im Schriftbild entstehen besonders gerne bei CH, G und O. Von den Abständen her gelten als schwierig viele Verbindungen mit A, K, R und ST. Die Gefahr, zu dicht zu werden, besteht vor allem bei Abständen zwischen senkrechten Balken. Bei den Buchstabenformen machen die Rundungen einige Arbeit. So ist zum Beispiel beim O darauf zu achten, daß es oben und unten nicht zu spitz wird und an den Seiten nicht zu platt. Es bleibt, wenn auch mit unterschiedlich starker Krümmung, ringsum rund. Bei B, D, P und R muß trotz der geringen Breite, der Bogen oben aus dem, wenn auch kurzen waagerechten Ansatz herauslaufen. Bei den Buchstaben A, M, V und W müssen die dünnen Schrägbalken durch steilere Federhaltung korrigiert werden, damit diese Buchstaben nicht zu schwer wirken. Bei den Kleinbuchstaben sind die Rundungen noch empfindlicher, da sie noch schlanker sind. Auch der Anlauf des Bogens aus dem senkrechten Balken des n und aller verwandten Formen erfordert einige Übung. Wird der Bogen zu rund, ist die Schrift lahm, gerät er zu spitz, ist die Schrift zu hart. Hier ist, wie bei den dünnen Schrägbalken, ein leichtes Drehen der Feder zu empfehlen. Für die Buchstaben a, g und r sind jeweils zwei Formen angeboten. Bei sehr schmaler Schrift gilt: für a die erste Form, für g und r die zweite Form, beim d nach Belieben. Und nun das übliche Beispiel. Der erste Buchstabe ist zur Auszeichnung im Normallauf geschrieben.

ABCDEFabcdef

gghijklmGHIJK

LMNOPnopqrs

ßtuvwQRSTUV

WXYZxyz·äöük

1234567890?Ä

·Schmale Kursiv·

Für die schmale Kursiv trifft alles zu, was für die Kursiv und für die schmale Antiqua gesagt ist. Schließlich ist sie auch eine Kombination von beiden. Als Großbuchstaben sind wieder die gezeigten, die breitlaufenden und die Schwungbuchstaben denkbar. Eine sehr gute Wirkung dieser Schrift erreicht man bei kleinem Zeilenabstand. Das trifft auch auf die schmale Antiqua zu. Bei größeren Zeilenabständen ergibt sich die Zeilenwirkung nur bei genügend Textmenge. Für das folgende Beispiel sind Schwungbuchstaben als Großbuchstaben gewählt.

Bei dem Vierzeiler von Heine sind die Verszeilen einmal geteilt, so daß acht Zeilen entstehen. Die erste Zeile mit dem größeren Anfangsbuchstaben ist eingerückt, weil die Anfangsauszeichnung am Rande mit Leerraum darunter nicht so gut aussieht. Die vollen Formen der Großbuchstaben geben eine angenehme Auflockerung. Das V von Verse darf nicht zu breit werden, da es unter dem breiten D steht. Ober- oder Unterlängen können gelegentlich, aber nicht zu oft in den Leerraum verlängert werden.

Die Buchstaben, die hier angeboten werden, sind vielseitig verwendbar; zur Kursiv breit- und schmallaufend und zur geradestehenden Antiqua breit, schmal, fett und mager. Außerdem beschränkt sich diese Schrift nicht auf die wenigen Formen, die hier zu sehen sind. Mit Phan-

tasie und Geschick läßt sich die Sammlung bedeutend erweitern. Doch bevor wir Eigenschöpfungen bringen, sollten wir erst eine vorgegebene Form getreu nachvollziehen können. Ehe wir die Bedingungen der einzelnen Buchstaben durchsprechen, einige allgemeine Hin-

weise. Zunächst empfiehlt es sich, auf unliniertem Papier mit verschiedenen Federn Schwünge zu schreiben, die Buchstabenteilen ähnlich sind. Man kann aus diesen Bögen Muster und Ornamente zusammenfügen. Wichtig ist, daß diese Versuche flüssig, aber nicht

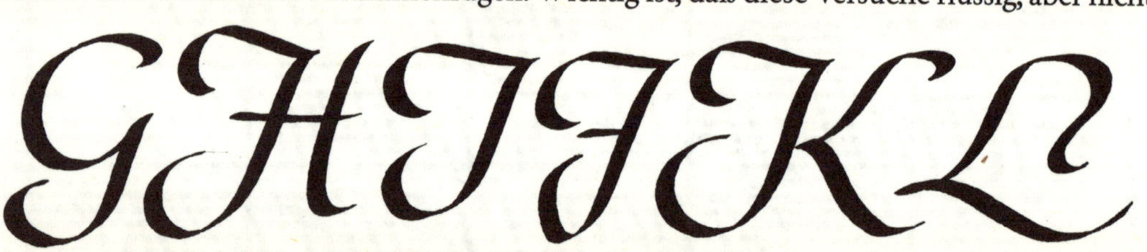

hastig geschrieben werden. Deshalb klemmen wir die Schwünge auch noch nicht in Zeilen. Nachdem wir auf diese Weise Geläufigkeit erreicht haben, betrachten wir uns das B genauer. Die Pfeile und Zahlen zeigen die Richtung und Reihenfolge der Federführung. Der erste

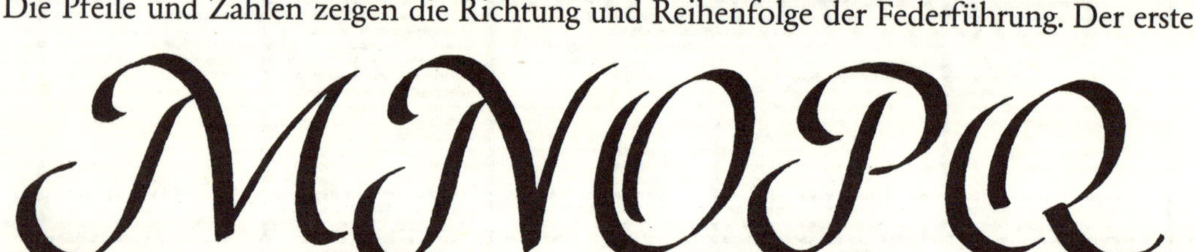

Strich hat im Kern eine Gerade, die in der Schräglage unserer Kursiv steht. Das An- und Ausschwingen dieses Striches muß harmonisch sein, das heißt, das Einlaufen des kurzen Anfangsbogens in die Schräge und das Auslaufen aus der Schräge darf keine Ecke aufweisen. Man soll nicht genau bestimmen können, wo der Bogen endet und die Schräge anfängt. Um jetzt den Bogen zwei anzusetzen, gibt es einen kleinen Trick. Wenn wir den Auslauf von Strich eins schreiben, heben wir am Ende des Striches die Feder vom Papier ab und führen die Form in der Luft harmonisch weiter bis zum Ansatzpunkt für Bogen zwei, setzen die Feder an

und schreiben jetzt den Bogen, den wir vorher in der Luft beschrieben haben. Diese Art zu schreiben führt nicht nur zu einer guten Form, sondern erzieht auch zu einem guten Schreibrhythmus. Bei den Bogen drei und vier ist zu beachten, daß über dem Strich eins etwas Luft

bleibt. Bei Bogen fünf passen wir auf, daß er nicht zu eng wird. Dieser Teil kann auch unter die Zeile gezogen werden. Auf jeden Fall werden G, J und Y unter die Zeile gezogen. Es können auch unter die Zeile schwingen der Anfangsbogen A, der Schlußbogen B, E, F, der Anfang

von H, K, M, N, P und R. Beim D kann der große Bogen zwischen zwei und drei wieder in der Luft vorgeformt werden. Für die waagerechten Striche bei A, F, H und J ist die Feder in eine fast waagerechte Lage zu bringen, damit diese Striche nicht zu dick werden. Beim E darf die

Feder während des Striches leicht gedreht werden, damit das rechte Ende ein wenig stärker wird. Beim zweiten A-Vorschlag soll der Balken eins nicht zu stark werden. Für M und N gilt dasselbe. Also ist Federdrehen nötig. Ob man das so erreicht, wie durch den Pfeil angegeben, oder doch von oben nach unten fährt, muß man für sich selbst ausprobieren.

abcdefg

hijklmno

pqrstuv

wxyz·1234

567890/äü

unziale

Die Unziale ist eine Schrift, die vorwiegend für religiöse und ernste Texte verwandt wird. Sie ist eine reine Großbuchstabenschrift. Im Unterschied zur Antiqua weist sie aber einige Ober- und Unterlängen auf. Außerdem hat sie mehr Rundungen. Wegen der Ober- und Unterlängen ist es üblich, den Zeilenabstand größer zu halten. Bei unserem Alphabet ist er 2/3 der Schrifthöhe. Die Schriftzeile in sich soll allerdings geschlossen erscheinen. Man hat gut geschriebene Unzialzeilen schon mit Perlenschnüren verglichen. Wer sich in Büchern über historische und zeitgenössische Schriften die Unziale ansieht, wird feststellen, daß es „Die" Unziale gar nicht gibt. Die Unterschiede, die wir hier finden, sind beträchtlich. Auch dieses Alphabet erhebt nicht den Anspruch, „Die" Unziale zu sein. Es stellt nur eine der vielen Möglichkeiten dar.

Nun zum Schreiben selbst. Als Federstärke wählen wir ungefähr 1/6 der Schrifthöhe. Die Federhaltung ist etwas steiler als bei der Antiqua, cirka 30 Grad. Während wir uns bei der Antiqua doch verschiedene Federdrehungen angewöhnt haben, gibt es hier nur ganz wenige Ausnahmen, und zwar beim Z, der Zwei und der Sieben, jeweils die waagerechten Balken. Für die vielen Rundungen tut uns die Übung mit den Schwungbuchstaben recht gut. Der Querbalken über dem A ist für die geschlossene Zeilenwirkung sehr wichtig, da ja speziell das A ohne Querbalken wie in der Antiqua für viele ungünstige Buchstabenabstände verantwortlich ist. Für den inneren Querstrich haben wir die Wahl zwischen zwei Arten. Im Falle des Ä entfällt der obere Querbalken. Beim B kann die Oberlänge auch wegbleiben. Der Anlauf des Bogens aus der Senkrechten erinnert an das kleine Antiqua-n. Ähnlich behandelt wird H, M, P, R und U. Die Spitze in der Mitte des B soll nicht in die Senkrechte einlaufen, aber auch nicht zu weit wegbleiben. Es ist ein häufiger Fehler, daß der obere Anstrich des D zu schräg nach unten führt. Er soll nach kurzem Anfangsbogen über eine knappe, flache Schräge in einen Bogen übergehen, der dem rechten O-Bogen ähnlich ist. Der Querbalken des F sitzt wenig über der unteren Zeile und endet rechts senkrecht unter dem Ende des oberen Bogens. Beim G den unteren Bogen hoch genug an den leicht schräg stehenden G-Strich heranführen, aber nicht einlaufen lassen wie beim U. Der Bogen des H soll so auslaufen, daß bis zum unteren Ende die Tendenz nach außen erhalten bleibt und erst eine gedachte Verlängerung nach unten zur Senkrechten führen würde. Die Bögen beim M müssen groß genug angelegt und unten weit nach innen gezogen werden. Beim rechten Bogen empfiehlt es sich, im unteren Teil die Feder etwas flacher zu drehen, damit er hier nicht zu dünn erscheint. Der Schrägbalken des N läuft oben und unten mit einer kleinen Kurve in die senkrechten Balken ein. Wenn wir das T schreiben, setzen wir die Oberlänge nur kurz an und fahren weit genug nach links unten, damit der Abschlußbogen recht groß wird. Der waagerechte Balken muß in seiner Länge die Form auswägen, so daß sie gerade steht. Bei V, W, Y werden die ersten Balken oben leicht gerundet angezogen, gehen also schnell in eine Gerade über. Der Bogen rechts soll ähnlich groß angelegt werden, wie der untere T-Bogen. Den Zusammenlauf unten beachten! Um beim Y die Unterlänge nicht zu groß werden zu lassen, ist der Zusammenlauf der beiden Schrägen ein wenig über die untere Linie gelegt. Den unteren Z-Balken kann man mit aller Vorsicht in einer kleinen Rundung auslaufen lassen. Die Ziffern sind in der Größe der Buchstaben geschrieben. Kleine Andeutungen von Ober- und Unterlängen sind möglich, um eine Einheit zwischen Buchstaben und Zahlen zu erreichen.

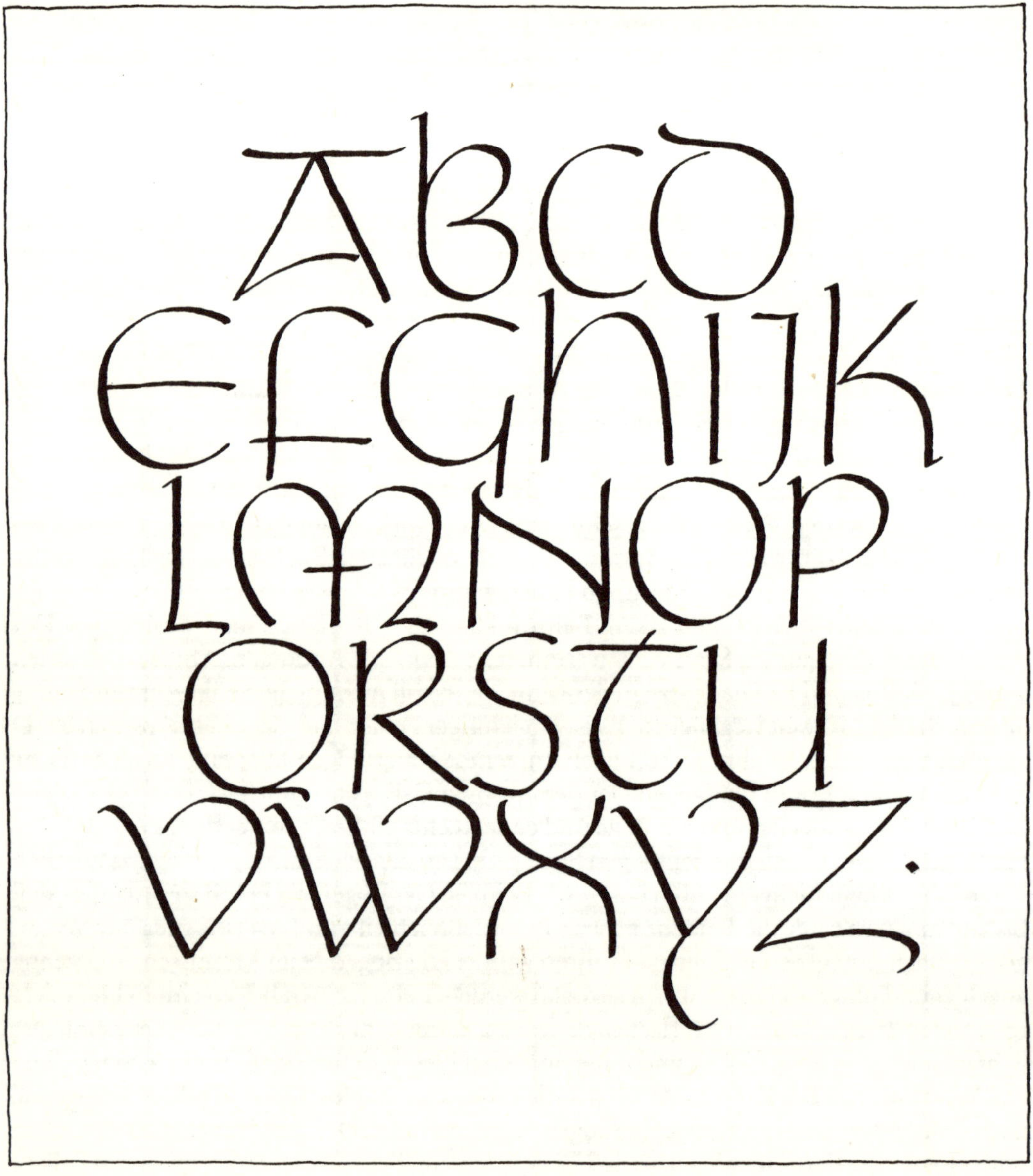

Für eine leichte und eine kräftige Unziale sind die Alphabete gleich in Form eines Schriftblattes gezeigt. Die leichte Unziale läßt es am ehesten zu, auf den Zeilenabstand zu verzichten und so ein geschlossenes Schriftbild zu erreichen. Die größte Schwierigkeit liegt bei den Ober- und Unterlängen, für die eigentlich gar kein Platz da ist. Aber mit ein wenig Geschick und auch Glück läßt sich das lösen. Der Querstrich und der Schlußstrich am M ist möglich, muß aber nicht sein. Diese leichte Schrift ist dafür dankbar, wenn die Feder elastisch ist, und so den Strich durch Betonungen dynamischer werden läßt. Bei der kräftigen Unziale in unse-

rer Abbildung ist der Zeilenabstand um ein Drittel größer als die Schrifthöhe, zum oberen und unteren Blattrand hin etwas mehr. Hier wirken die dunklen, geschlossenen Buchstabenbänder überzeugend. Für diese geschlossenen Zeilen müssen die Buchstabenabstände besonders sorgfältig behandelt werden. Ähnlich wie bei den Kleinbuchstaben darf man hier nicht nur den Buchstabenabstand sehen, sondern soll den Innenraum des Buchstabens mit einbeziehen. Der waagerechte L-Balken muß bei manchen Verbindungen kurz gehalten werden, um eine zu große Öffnung zu vermeiden.

ABCDEFGH
IJKLMNOP
QRSTUVW
XYZ·MNW
abcdefghijk
lmnopqrſsß
tuvwxyz·ak·

Jetzt kommen wir zu einer Schrift, die es eigentlich gar nicht gibt, denn zu der Zeit, als die Unziale geschrieben wurde, gab es das, was wir Kleinbuchstaben nennen, noch nicht. Trotzdem ist hier der Versuch gemacht, Kleinbuchstaben zu bringen, die zur Unziale passen. Man kann eine Ähnlichkeit zur ersten Kleinbuchstabenschrift, der karolingischen Minuskel, feststellen. Die hier gewählten Großbuchstaben sind zum Teil anders als die zuerst vorgestellte Unziale. Sie sind so geformt, daß sie mit den Kleinbuchstaben gut harmonieren. Die waagerechten An- und Abstriche betonen die Zeilenwirkung stärker. Das gilt sowohl für die reine Großbuchstabenverwendung (siehe beim Namen Friedrich von Logau), als auch für die Kleinbuchstaben. Das Einziehen der Abschlußrundungen von H, M und N verstärkt das Runde in der Schrift. Nun wollen wir die Größen festlegen. 1/4 der n-Höhe ist die Federstärke. Großbuchstaben und Oberlängen sollten frei über die Zeile gezogen werden, so daß nur die Linie für die n-Höhen stehen. Wer glaubt, ohne die dritte Linie für die Oberlängen nicht auszukommen, legt sie auf n-Höhe zu Oberlänge oder Großbuchstabenhöhe 1 : 1,3. Der Zeilenabstand wird groß empfohlen, denn so zeigt sich die gute Zeilenwirkung der Schrift am besten. Hier ist das Verhältnis, wieder von der n-Höhe ausgehend, 1 : 2. Die Abstände können bei vielzeiligem Text bis auf 1 : 2,5 gesteigert werden. Als recht brauchbares Verhältnis hat sich 1 : 2,25 erwiesen. Im Gesamtgefüge der Schrift können die waagerechten Anstriche der Kleinbuchstaben entsprechend den Nachbarbuchstaben kürzer oder länger gehalten werden. Ähnlich müssen wir auch bei e und r die unteren Bögen den Nachfolgebuchstaben durch volleren oder knapperen Bogen anpassen. Wenn auf das kleine a ein scharfes ß folgt, wird man beim a die Schräge etwas mildern für einen besseren Anschluß. Haben die Worte in sich die richtigen Abstände, so können auch die Wortabstände knapp gehalten werden, ohne dadurch die Lesbarkeit zu gefährden. Diese Schrift eignet sich ganz besonders für längere Texte ohne viele Auszeichnungen, da ihre Schönheit in der ruhig fließenden Zeilenwirkung liegt. Dazu müssen die Großbuchstaben knapp gehalten werden.

Wer die Zeit verklagen will,
daß so zeitig sie verraucht,
der verklage sich nur selbst,
daß er sie nicht zeitig braucht·

FRIEDRICH VON LOGAU ·

Die gotische Schrift war ursprünglich eine reine Kleinbuchstabenschrift. Deshalb heißt die frühe Form auch gotische Minuskel. Die gotische Schrift und die daraus entwickelten Formen Schwabacher und Fraktur haben auch den Sammelnamen gebrochene oder deutsche Schriften. Sie sind alle nur noch selten in Gebrauch, so daß sie von vielen, vor allem von jungen Menschen, nicht mehr gut gelesen werden können. Das Hauptmerkmal der gotischen Schrift ist, daß die runden Formen der Antiqua gebrochen, also eckig werden. Gleichzeitig sind die Buchstaben etwas schlanker. Die gotischen Schriftzeilen wurden schon mit Gittern oder Zäunen verglichen. Dieser Vergleich ist verständlich, wenn wir uns im obenstehenden Alphabet die zweite Zeile l-q ansehen. Schriftbalken und Zwischenraum ergeben ein Gleichmaß. Diese Tatsache wollen wir gleich als ersten Merksatz festhalten. Für eine lichtere Form werden die Abstände zwischen den Schriftbalken einfach größer gehalten. Wenn wir jetzt sagen, Schriftbalken und Zwischenraum sind gleich breit, so gilt dies wieder für den optischen Eindruck. Es ist klar, daß wir in unserem Alphabet zwischen m und n, wo der Abstand an drei Stellen durch Füße eingeengt ist, diesen Abstand größer halten, als zwischen p und q. Gestört wird dieses ruhige, gleichmäßige Fortschreiten der Schrift vor allem durch zwei Buchstaben, das e und das r. Wie wir dort den Abstand behandeln müssen, sehen wir, wenn wir uns diese Buchstaben vornehmen. Zuerst betrachten wir uns den Buchstaben näher, der bei einfacher Form viele der wichtigsten Elemente der gotischen Schrift in sich vereinigt, das n. Die Federhaltung liegt wieder, wie bei der Unziale, bei 30 Grad. Der erste Strich ist kurz und

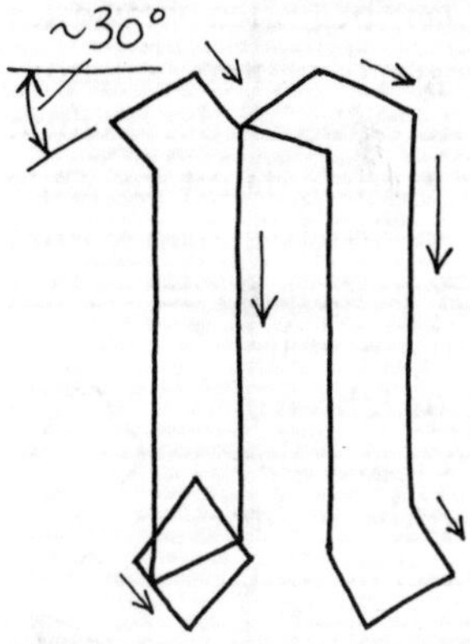

führt in einer steilen Schräge nach unten. Bei unveränderter Federhaltung schließt die Senkrechte an. Diese führt bis kurz vor die untere Zeile. Daran setzen wir einen Würfel an. Dafür sind hier zwei zur Auswahl angeboten. Der erste wird bei unveränderter Federhaltung geschrieben. Er wirkt ein wenig flach. Will man ihn aber höher bringen, wird er zu breit und mächtig. Sein Vorteil ist, daß er leicht zu schreiben ist. Der zweite Vorschlag macht mehr Arbeit, sieht aber besser aus. Hier muß nun die Feder so gedreht werden, daß sie etwas steiler als 45 Grad steht. Wenn wir dann im entsprechenden

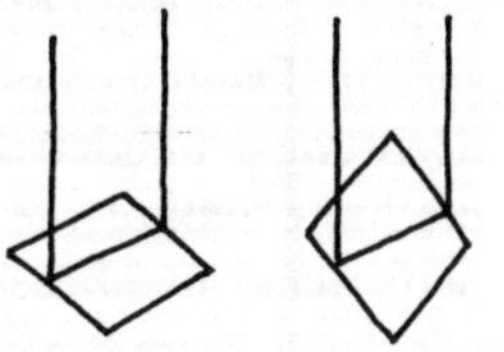

Gegenwinkel nach unten fahren, erreichen wir eine Raute, die ein wenig höher als breit ist. Der in die Raute einlaufende Balken soll nach Möglichkeit in der Mitte der Raute stehen. Der Überstand rechts und links soll sichtbar, aber nicht zu reichlich sein. Bei weiteren Buchstaben, bei denen wir den Würfel brauchen, werden wir immer diese zweite Form nehmen. Wem das zu mühsam ist, der übe sich in der ersten Form. Nun wollen wir das angefangene n fertigschreiben. Wir setzen die Feder an dem Punkt an, wo die Senkrechte begonnen hat, und fahren, im Gegensatz zum ersten steileren Strich, in einer flachen Schräge nach rechts. Dann kommt wieder eine Senkrechte, die so weit geht, daß noch ein kurzer steiler Abstrich, ähnlich dem Anstrich, Platz hat. Diese Einzelelemente des n treten bei vielen Buchstaben auf. Ein weiteres häufiges Detail wollen wir beim o besprechen. Wir setzen die Feder mit der rechten Kante an der oberen Zeile an und fahren in der Richtung, in der die Feder steht, nach links unten. Das Strichlein wird 1/2 Federbreite weit gezogen. Dann kommt wieder die Senkrechte. An diese Senkrechte schließt eine flache Schräge an, gleich dem oberen n-Verbindungsstrich. Dann setzen wir wieder oben an der Zeile an und fahren in der nun schon bekannten flachen Schräge nach rechts und schließen abermals die Senkrechte an. Die beigefügte Zeichnung macht klar, daß sich an der oberen Ecke eine halbe Überschneidung der beiden Schriftbalken ergibt. Wenn der untere Schrägstrich in der richtigen Länge gezogen wurde, haben wir für die untere rechte Ecke das gleiche Bild wie links oben. Damit sind die häufig vorkommenden Gegebenheiten festgehalten und wir können nun weitere Besonderheiten für einzelne Formen aufzeigen. Dafür gehen wir einfach das Alphabet durch. Das a sieht oben wie das o aus. Am unteren Abschluß haben wir links die flache Schräge, die nur als Punkt rechts berührt,

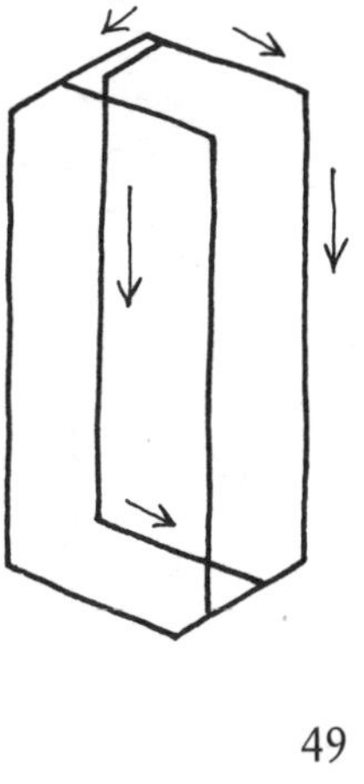

zum Abschluß rechts den steilen Strich. Beim b haben wir die erste Senkrechte als Oberlänge. Die flache Schräge setzt als Punktberührung an. Der untere Teil entspricht dem o. Das c ist mit dem h zusammengeschrieben, da es in unserer Sprache ja meist in dieser oder ähnlichen Verbindungen vorkommt. Die obere flache Schräge läuft voll in die Senkrechte des h ein. Die untere flache Schräge soll mit der Spitze nahe an den Würfel des h herankommen. Für das d setzen wir die erste Senkrechte etwas unterhalb der Zeile an, schreiben den unteren Teil wie das o und fügen den oberen Strich in unserer flachen Schräge oder ein wenig steiler an. Die anschließende Senkrechte beschließt den Buchstaben wie beim o. Das e beginnen wir wie das o, nur der obere Schrägbalken wird steiler nach unten geführt. Wegen der guten Zeilenbildung müssen wir darauf achten, daß das e nicht zu breit wird. Der untere e-Strich, der ja schon vorher geschrieben wurde, muß manchmal noch etwas verlängert werden, damit die Zeile unten kein Loch bekommt. Das f hat Ober- und Unterlänge. Der obere Strich setzt an wie das o oben und hat die flache Schräge. Der waagerechte Balken sitzt ein wenig unter der oberen Zeile. Das g beginnt wie das a und die rechte Senkrechte wird dann weiter geführt. Dann setzen wir an dem von der a-Form stehenden Balken an, fahren in Richtung der Federschneide nach links unten, so daß die Spitze ein wenig über die linke Senkrechte ragt und schließen in der flachen Schräge an die rechte Senkrechte an. Dieser Zusammenschluß hat wieder die halbe Überschneidung wie das o. Beim h haben wir Ober- und Unterlänge. Der rechte senkrechte Balken schwingt am unteren Ende leicht nach links aus. Bitte den Bogen nicht zu hoch ansetzen und zu weit schwingen. Das i hat am oberen und unteren Ende der Senkrechten unseren Würfel stehen, oben leicht nach links, unten leicht nach rechts verschoben. Der Punkt sitzt genau über der Spitze des oberen Würfels und hat dieselbe Form wie dieser. Das j entspricht oben dem i und unten dem rechten h-Balken. Beim k steht unter der linken Senkrechten der Würfel auf Mitte, wie beim h. Die beiden flachen Schrägbalken sind durch einen Strich in Richtung der Federhaltung verbunden. Rechts unten kommt der steile Abschluß wie beim n. Das l hat am unteren Ende den Würfel leicht nach rechts verschoben, wie das i unten. Das m bekommt auch beim zweiten Balken den Würfel auf Mitte, sonst wie das n. Der obere Teil des p gleicht dem n. Die mittlere flache Schräge schneidet so durch die Senkrechte, daß die Spitze links um Federbreite herausragt. Beim q fehlt der untere Abschluß des g, sonst ist es dasselbe. Das r beginnen wir mit der steilen Schräge, wie das n. Die untere flache Schräge wird so weit nach links geführt, wie der r-Kopf oben nach rechts ausragt. Dieser wird als Würfel in der steileren Federhaltung geschrieben. Der schmale Würfelkopf ist wichtig, um Nachfolgebuchstaben gut anschließen zu können. Für das s haben wir hier drei Arten, die wir bei den sogenannten deutschen Schriften alle drei richtig anwenden müssen. Das lange s steht am Beginn oder innerhalb der Silbe, das Schluß-s am Ende der Silbe. Das scharfe ß ist ja heute noch bekannt, obwohl es häufig schon durch ss ersetzt wird. Das lange s schreibt sich wie das f, ohne den Querstrich. Für das Schluß-s haben wir eine kleine Sonderzeichnung, in der die Reihenfolge der

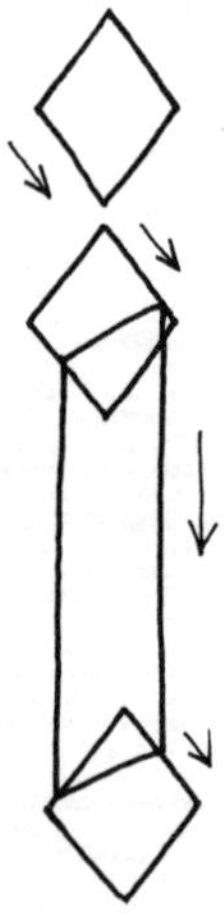

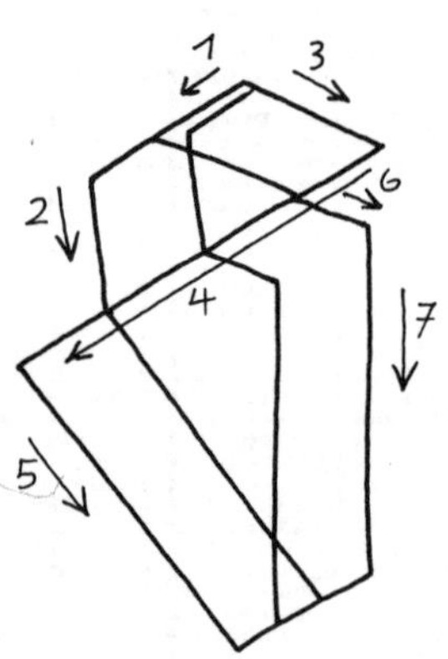

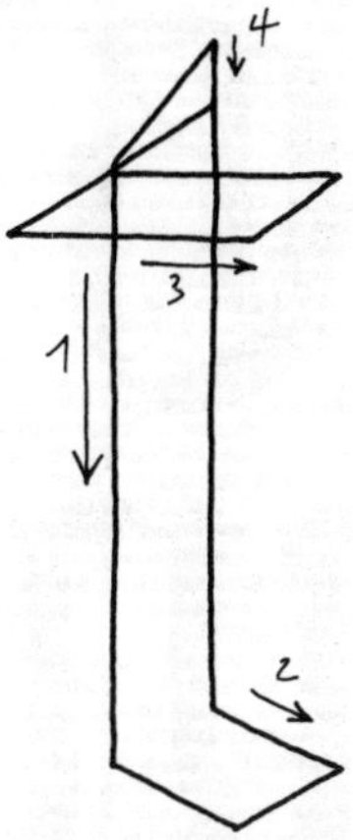

einzelnen Teile durch Ziffern gekennzeichnet ist. Den kurzen Anstrich in Richtung der Federkante markiert die 1, um zu einem guten Maß der Überschneidung von 2 und 3 zu kommen. Die 4 verbindet mit einem Strich in Richtung Federhaltung die Balken 3, 6, 2 und 5. Balken 5 kann auch zuletzt gemacht werden. Das scharfe ß ist eine Verbindung von langem s und Schluß-s. Lediglich der untere Strich wird flacher als bei letzterem gezogen. Auch für das t haben wir eine kleine Zeichnung. Der Querbalken sitzt wie beim f wenig unter der oberen Zeile. Da die obere Spitze etwas flach aussieht, kann sie, wie gezeigt, mit gedrehter Feder höher gezogen werden. Der untere Abschluß hat die flache Schräge und ist so lang wie der obere Querbalken. Beim u sehen wir uns das umgekehrte n an und beim v das a. Das w ist das erweiterte v. Wir beachten besonders, daß unten die linke flache Schräge nur als Punkt anstößt, wie beim a, während die rechte, wie beim o, mit der Senkrechten zusammenläuft. Für x und y siehe die Vorlage. Beim z wird die obere flache Schräge leicht gebogen. Der folgende Schrifttext zeigt gotische Kleinbuchstaben mit unzialen Großen, eine Verbindung, die wir in frühen Handschriften und auch Druckwerken finden können. Wenn wir diese Schrift heute mit Unzial-Großbuchstaben anwenden, haben wir den Nutzen der besseren Lesbarkeit, denn besonders die gotischen Großbuchstaben sind uns nicht mehr so geläufig.

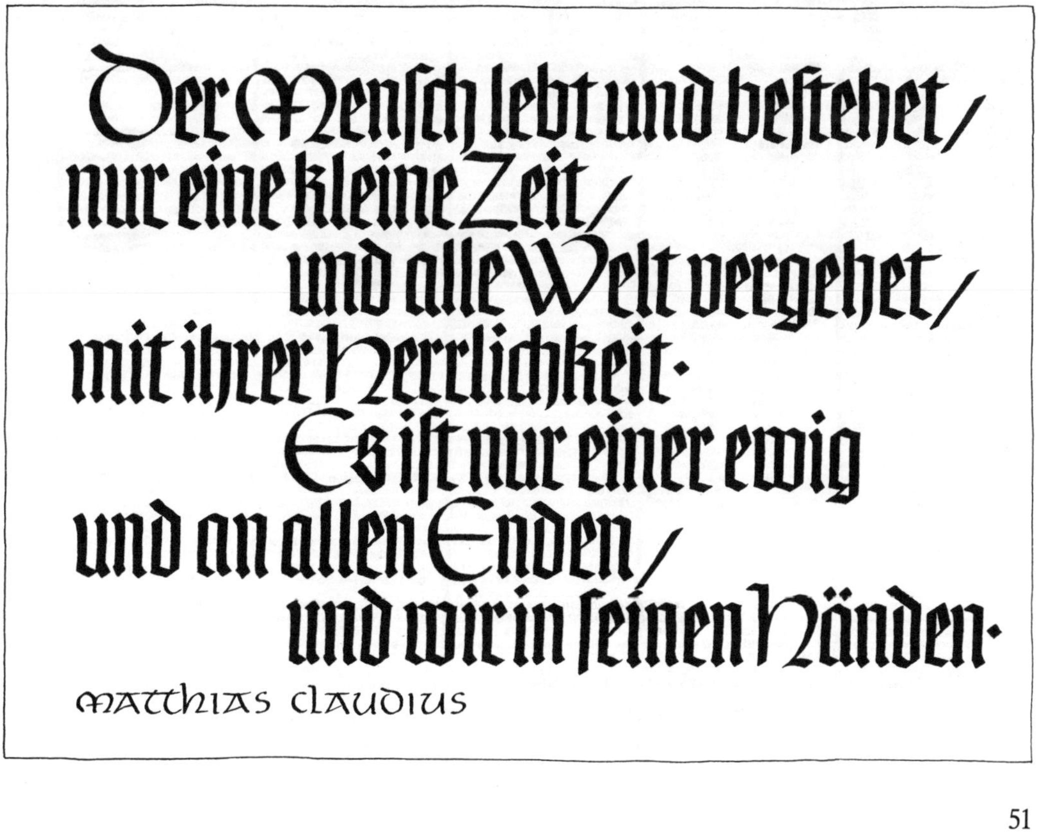

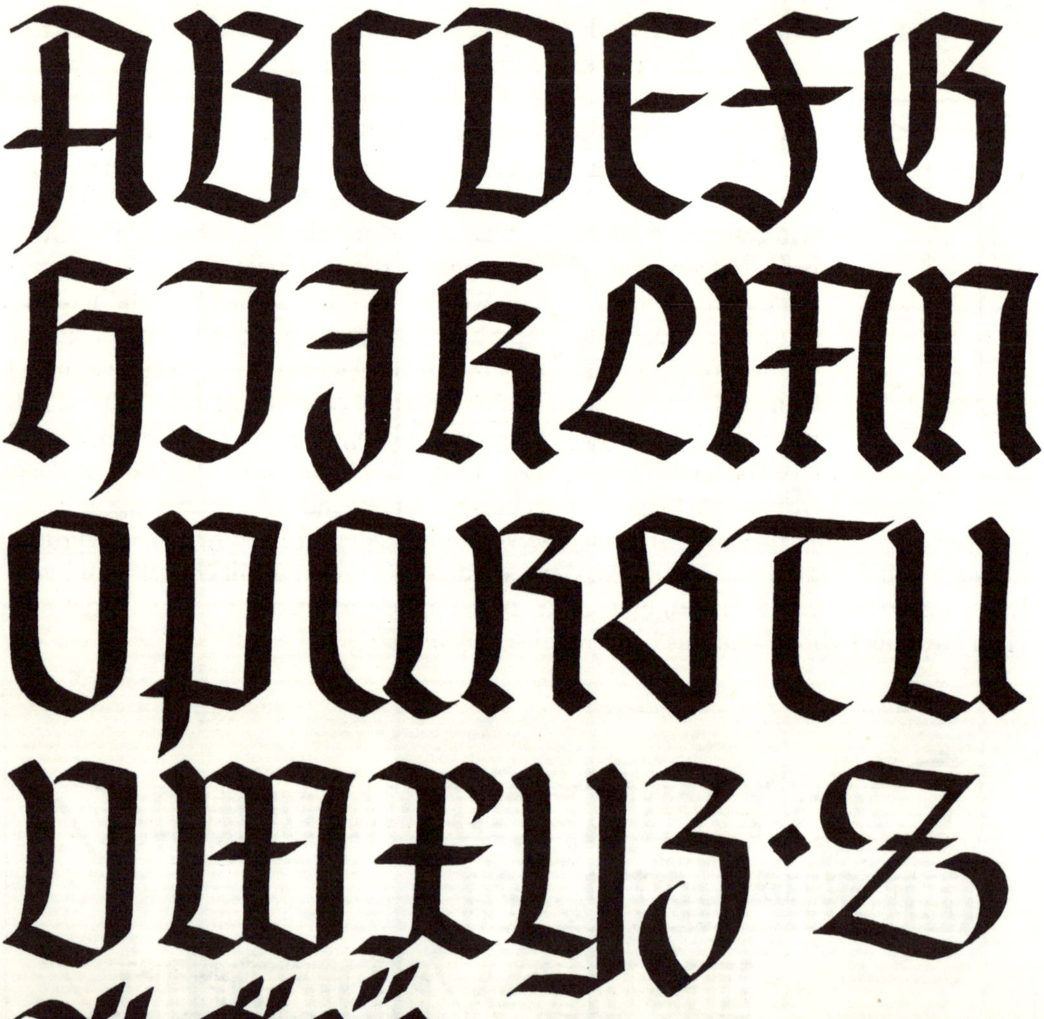

Wenn die gotischen Kleinbuchstaben schon nicht den Anspruch erheben, historisch getreu zu sein, sondern eine für uns schreib- und lesbare Form darstellen, gilt das natürlich auch für die Großbuchstaben. Es sind hier zwei Alphabete zur Auswahl gegeben. Das erste hat möglichst einfache Buchstaben, die sich unauffällig einfügen und ein ruhiges Schriftbild ergeben. Um das zu erreichen, dürfen die Großbuchstaben die Kleinen nur um weniges überragen und auch der Innenraum darf bei den Großbuchstaben nicht zu breit werden. Hier gibt es auch mehr Rundungen als bei den Kleinen. Außerdem bekommen die Senkrechten bei einigen rechts oben oder links unten einen leichten Schwung, den auch die entsprechenden Kleinbuchstaben haben können. Dort muß er allerdings noch viel dezenter sein. Die zweite Ausgabe der Großbuchstaben macht einen reicheren und festlichen Eindruck. Das wird durch Doppelstriche oder schwächere Beistriche erreicht. Wenn sich in einem Schrifttext eine unschöne Häufung von Großbuchstaben ergibt, kann man von Fall zu Fall auch einige einfachere Buchstaben nehmen. Auch Platzgründe können uns veranlassen, den festlichen Buchstaben gegen den einfachen zu tauschen.

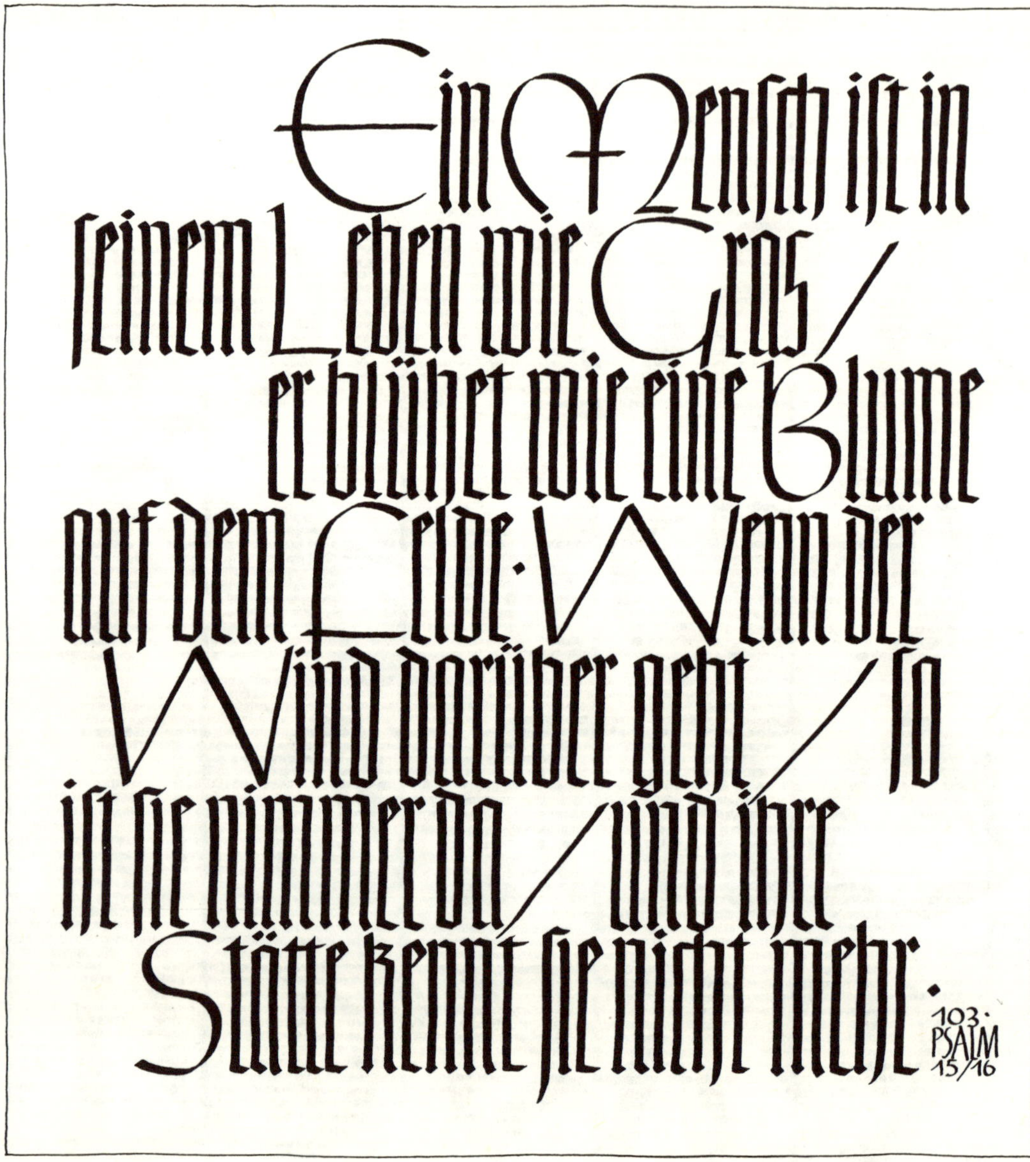

Die gotische Schrift eignet sich sehr gut für schlanke Formen. Dabei bleibt der Breitenlauf der Schrift wie beim Normalalphabet. Nur die Höhe wird gestreckt. Bei fast allen Buchstaben ist das recht einfach, da Kopf- und Fußteil gleich bleiben und nur die dazwischen stehende Senkrechte länger wird. Ausnahmen bilden nur das e und das Schluß-s. Bei der Höhe der Schrift wie im obenstehenden Beispiel wäre eine lang nach unten gezogene Schräge zum Bilden des e-Kopfes einfach unschön. Deshalb wird dieser Kopf klein gehalten. Jetzt ist es aber besonders wichtig, daß der Raum zum nächsten Buchstaben nicht zu groß wird. Wer diesen Schrifttext genau betrachtet, wird feststellen, daß hinter dem e und auch hinter dem r die Anstriche der Folgebuchstaben besonders knapp gehalten sind. Beim Schluß-s wird es sehr heikel. Normalerweise müßte hier der Kopf die Größe behalten und nur der untere Teil gestreckt werden. Bei einer sehr schlanken Schrift wirkt das aber doch recht eigenartig. Der Versuch, den Kopf bis zur Mitte lang zu ziehen, ist sogar häßlich. Auch die anderen Möglichkeiten sind nicht so überzeugend, jedoch nicht störend. Hier ein paar Beispiele. Zur schlanken gotischen Schrift sehen die breitlaufenden Unzial-Großbuchstaben besonders gut aus. Beim W wurde hier die einfachere Form gewählt. Für beide Texte auf dieser Doppelseite ist zum Linieren nur die Grundlinie gezogen worden. Das ist für eine Schrift, die geschlossen stehen soll, besser, da die freie Höhe einen harmonischeren Anschluß an die obere Zeile bringt. Bei der kräftigen Gotisch, die wir jetzt betrachten wollen, ist das ausgesprochen wichtig. Hier sind die einfachen Großbuchstaben der Gotischen gewählt, die sich gerade bei einer kräftigen Schrift sehr gut in das Gesamtbild einfügen, ohne heraus zu fallen. Das Durchschnittsmaß zwischen den Schriftbalken darf hier geringer sein als die Balkenstärke. Dies bedingt allerdings, daß das räumliche Einordnen von e und r noch problematischer wird. Bei der Betrachtung dieses Textes bitte darauf genau achten.

ABCDE
EFGHIJKL
abchdefghijkklm
nopqrſsßtuvwxyz
MNOPQR
STUVWX
YZ·1234567
890 Fraktur-Schrift

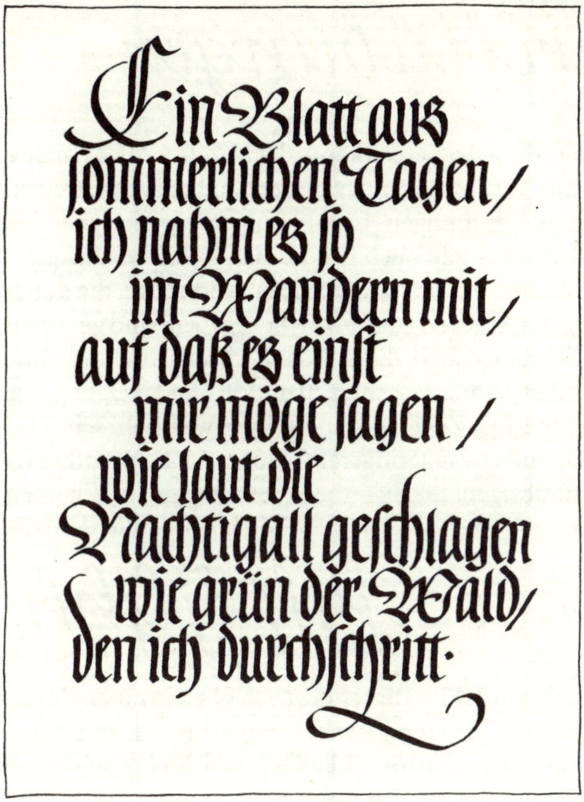

Die Fraktur ist eine Schrift, die sich aus der Gotisch über die Schwabacher entwickelt hat. Die starren geraden Balken werden durch Rundungen aufgelockert. Außerdem hat die Fraktur mit ihrer Vorläuferin, der Schwabacher, eine Besonderheit gemeinsam. Es sind die beiden einzigen der großen historischen Schriften, bei denen die Klein- und Großbuchstaben gemeinsam entstanden sind. Da wir nun schon geübte Schreiber sind, ist es ja kein Problem, nach einer Vorlage ohne langatmige Erklärungen zu schreiben. Deshalb soll die Fraktur auch nicht buchstabenweise mit Worten nachgeschrieben werden. Nur die wiederkehrenden Elemente der verschiedenen Buchstaben werden so aufgezeigt. Gleiche Bedingungen – gleich behandeln, ergibt ein einheitliches Gefüge im ganzen Schriftbild. Der Anfangsbogen des a ist gleich dem von g und q. Der rechte Bogen des b entspricht dem von o, p, v und w, außerdem im oberen Ansatz dem h und y, sowie von der Oberlänge abgesehen, dem d. Der linke Balken mit Oberlänge bei b, h, k und l hat oben den gleichen kleinen Bogen von rechts kommend. Langes s und ß haben den ähnlichen Abschluß nach unten. Die flache Schräge, die bei der gotischen Schrift so bedeutend ist, taucht hier seltener auf. Der Würfel ist auch noch vorhanden, darf aber auf keinen Fall zu breit sein. Die erste Form des k ist historisch die Richtige, aber aus Gründen der Lesbarkeit ist die zweite vorzuziehen. Bei den Großbuchstaben ist vor allem der sogenannte Elefantenrüssel wichtig. Das ist der S-förmig gebogene Anfangsschwung bei A, B, M, N, P, R, V, W, X, Y und Z. Gerade Schriftbalken sind fast ganz verschwunden, oder zumindest durch An- und Ausschwingen flüssiger geworden. Andere Elemente, die gleich oder ähnlich gehalten werden, sind der Abschluß bei M, N, P, V, W, sowie C, E, G und T im Anfangsbogen, H und K in der Kopfform. Wichtig für die Fraktur ist, daß sie flüssig geschrieben wird. In einem kleinen Gedicht von Theodor Storm zeigen wir eine Anwendung. Die Großbuchstaben ordnen sich nicht so unter, wie die einfachen Großen bei der gotischen Schrift, sondern eher als Auszeichnung rhythmisch ein. Sehr reizvoll kann es sein, diese Großbuchstaben zu einer schlanken gotischen Schrift zu verwenden. Wem der Kontrast zu stark ist, der kann die gotischen Kleinbuchstaben durch leichte Schwünge flüssiger schreiben und so den Fraktur-Großen annähern. Das kann besonders bei einer zarten, schlanken Spitzfederschrift sein.

Handschriftübungen

Nun wollen wir uns einer Schrift zuwenden, die jeder bereits kann: der Handschrift. Mancher hält es vielleicht für sinnvoll, auch hier eine Verbesserung des bisher Geübten anzustreben. Bevor wir an die Buchstaben gehen, einige Vorübungen. Dazu nehmen wir eine schmale Breitfeder, ungefähr 3/4 mm breit. Die Breitfeder gibt auch für die Handschrift einen angenehmen Wechsel zwischen starken und dünnen Strichen. Alle Schreibwerkzeuge, die durch ihre Form oder durch wechselnden Druck verschieden starke Striche ergeben, sind geeignet. Abzuraten ist, zumindest zunächst, von Schreibgeräten, die in jeder Richtung, mit und ohne Druck die gleiche Strichstärke bringen. Federhaltung zwischen 20 und 30 Grad Neigung. Als Schriftgröße wählen wir 5 mm für die n-Höhe. Der Zeilenabstand sollte etwas mehr sein, also 6 mm. Später schreiben wir in 1 cm Zeilen und etwas geringerer n-Höhe. Als Schreibflüssigkeit wählen wir Tinte. Für Tinte und Tusche übrigens nie dieselbe Feder verwenden. Wir üben Girlanden, Bögen nach unten und Bögen nach oben als Arkaden. Wichtig ist außerdem die

Form, die für c, a, o, d und g und q gebraucht wird. Hierfür schräg nach oben in einen Bogen übergehend und in diesem Bogenansatz zurückgleitend nach unten fahren. Dann einen Linksbogen beschreiben. Jetzt eine Schlaufe nach oben umschließend und direkt nach unten fahren. Sodann eine Schlaufe nach oben, auf der Zeile umbiegen nach oben Spitze und

n nn m i u h h b b r c a d o

Schlaufe nach unten. Nun die Buchstaben selbst. Beim n ist vorn die Spitze gewählt, da bei einem gebogenen Anstrich, wie er heute in der Schule gelehrt wird, die Verbindung mit anderen Buchstaben so unangenehm bandwurmähnliche Linien ergibt. Deshalb ist auch das Doppel-n gezeigt. Das h und b, auch k und l können auch ohne Schlaufe versucht werden. Das c, a und d sind wie in der Vorübung geschrieben. Zum Abschluß kommt ein Alphabet,

abcdefghijklmnopqrstuv
wxyz· übung bringt viel,

das wie ein Wort durchgeschrieben ist. Das Zusammenhängen der Buchstaben innerhalb eines Wortes ist das, was die Handschrift von anderen Schriften unterscheidet. Trotzdem ist es nicht zwingend, das Wort immer ganz zusammenhängend zu schreiben. Es gibt hin und wieder Buchstabenverbindungen oder Wortlängen, bei denen das Verbinden gewaltsam wird. Ein neues Ansetzen, ohne dabei Abstand zu lassen, ist durchaus möglich. Es ist wie ein kurzes Atemholen. Auch bei der Handschrift ist es ratsam, sich zunächst nur mit Kleinbuchstaben zu versuchen, um ein einheitliches Schriftgefüge zu erreichen. Dann erst werden wir die

Großbuchstaben einfügen. Für das Alphabet sind hier die Großbuchstaben als Anfangsbuchstaben kürzerer Worte gewählt, da sie ja immer im Zusammenhang mit Kleinbuchstaben stehen. Manche ziehen als Großbuchstaben die einfachen Antiqua-Formen vor. Der Anschluß der Kleinbuchstaben ist dann mitunter nicht so überzeugend. Wer schwungvollere Formen liebt, kann bei den Schwungbuchstaben zur Kursiv Anleihen machen.
Die deutsche Handschrift ist heute vielen nicht mehr geläufig. Um zu zeigen, wie unterschiedlich sie aussehen kann, hier das gleiche Wort in verschiedenen Formen. Die Schrift, die

wir anschließend durcharbeiten wollen, geht auf einen Reformvorschlag der deutschen Schrift um 1930 von Rudolf Koch, dem großen Schreibkünstler, zurück. Sie war bekannt unter dem Namen: die Offenbacher Schrift. In der Buchstabenzeile stehen in dieser Reihen-

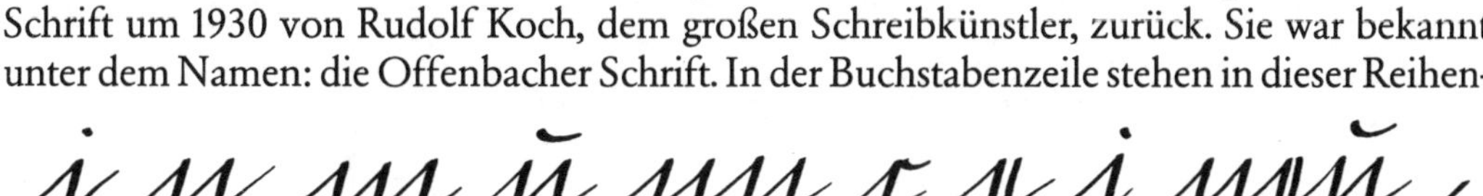

folge: i, n, m, u, Doppel-n, c, e, j, und das Wort neu. Die Buchstaben i bis e bestehen aus den gleichen Elementen, nämlich dem dünnen Aufstrich und dem kräftigen Abstrich, der in der gewählten Schreibrichtung steht. Das u unterscheidet sich vom n durch einen darüberstehenden Haken. Die nächste Zeile zeigt: o, a, q, g, r, v, w, y und das Wort vor. Die Buchstaben o bis g

sind in der deutschen Handschrift offen. Durch leichte Richtungsänderung ist allerdings bei der Offenbacher Schrift ein Zuziehen oben angedeutet. Der Verbindungsbogen von der a-Rundung zum abschließenden Teil ist flach gezogen. Wir finden bei allen Buchstaben dieser Zeile den gleichen Verbindungsteil, der dem Haken des o ähnelt. Die letzte Zeile enthält die Buchstaben b, f, h, l, t, langes s, z, d, Schluß-s, x und scharfes ß. Hier sind das d, das Schluß-s

und das x besonders zu beachten. Beim d geht der obere Bogen der normalen Schreibrichtung entgegen. Beim Schluß-s ist es die untere Schlaufe, vom x der erste Abstrich und der Schlußbogen. Diese Gegenbewegungen zusammen mit kleinen angedeuteten Richtungsänderungen geben der Schrift nicht nur ein bewegteres Aussehen, sie verbessern sogar den Schreibfluß. Bei den Großbuchstaben begegnet uns diese Gegenbewegung auch wieder. Zum Abschluß noch einmal das Alphabet. Die Großbuchstaben finden wir am Ende der

Seite und einen kurzen abschließenden Text, um diese Schrift auch im Fluß zu zeigen. Sollte dabei ein Buchstabe nicht den vorher besprochenen oder gezeigten entsprechen, so liegt das an der zügigen und nicht gemalten Schrift.

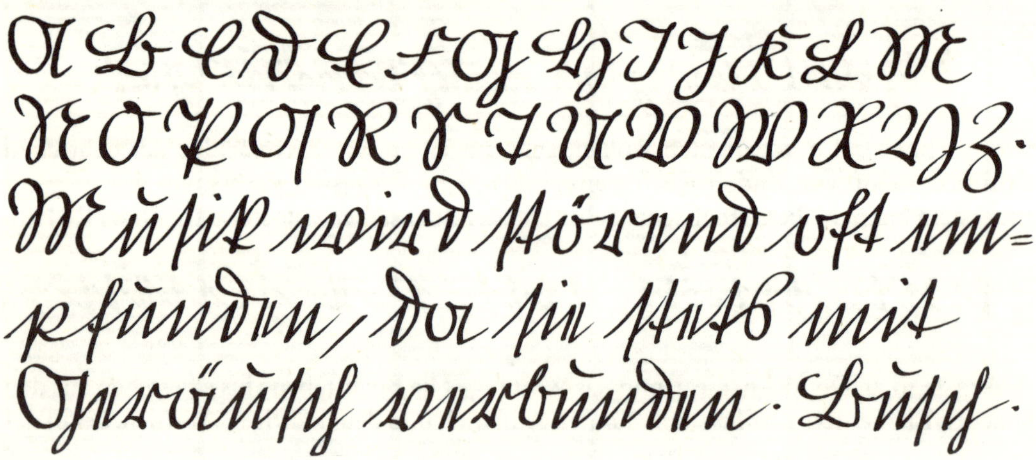

Weitere Schreibwerkzeuge

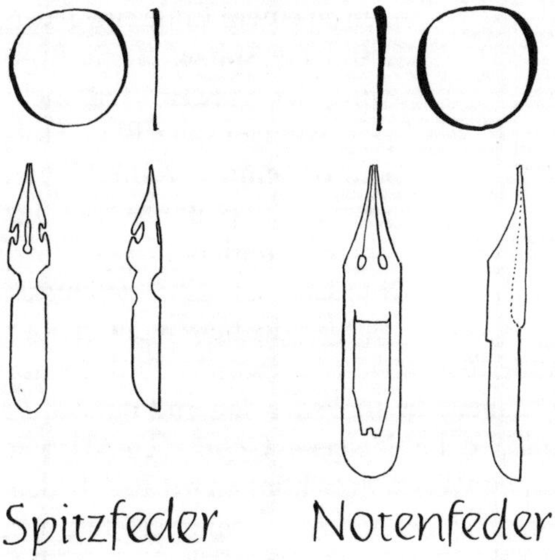

Nachdem das Schreiben mit der Spitzfeder in einem früheren Abschnitt angetippt wurde, wollen wir uns jetzt eingehender mit ihren besonderen Gegebenheiten befassen. Um uns in ihre Handhabung einzuarbeiten, ziehen wir Striche mit unterschiedlichem Druck, wie zum Beispiel gleichmäßige Linien, ohne Druck zu geben, oder mit gleichstarkem Druck durchziehen, oder beim Ansetzen oder beim Absetzen Druck geben. Diese

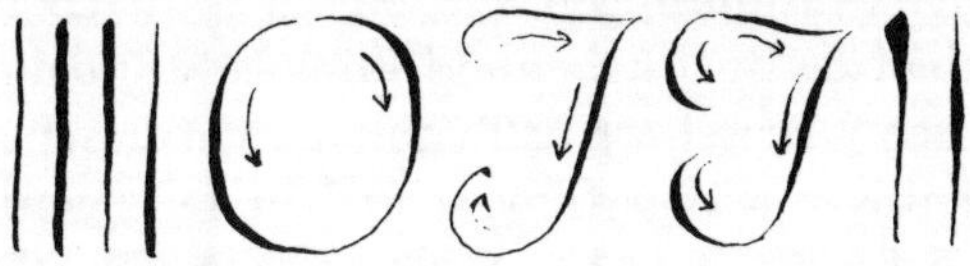

Möglichkeiten beachtend, üben wir in unseren Buchstaben Druck aus in beliebigem Wechsel, mit der Absicht, unterschiedliche Buchstabenbilder zu erzielen. Als Beispiel für den wechselseitigen Druck oben oder unten, weisen wir auf den geschriebenen Einband hin. Ein kurzer kräftiger Druck ergibt einen ganz anderen Charakter im Schriftbild als ein langgezogener gleichmäßiger. Den einzelnen Buchstaben können wir grundsätzlich auf zwei verschiedene Arten schreiben, wie einen kursiven Schwungbuchstaben mit der Breitfeder im Wechselzug, mit neu ansetzen, oder in einem Zug, ohne abzusetzen. Das Schreiben ohne abzusetzen üben

wir, indem wir kreisende Linien ziehen. So bekommen wir das Rückwärtsfahren mit der Feder am ehesten in den Griff. Wir lassen uns dabei nicht entmutigen, wenn sich die Feder ins Papier einhakt und Spritzer macht. Je mehr wir uns in zwanglosen, runden Gebilden ergehen und je nach Laune auch einfache Ornamente versuchen, die leicht aus der Feder fließen, desto befriedigender werden die Ergebnisse beim Buchstabenschreiben.
Andere Variationen eröffnet uns das Schreiben mit der Notenfeder. Ihre stählerne Spitze ist zweimal gespalten. Bei starkem Druck erreichen wir besonders breite Stellen, die in bewußtem Wechsel gesetzt werden. Da diese Spitzfedern im allgemeinen gut nachgeben, schreiben wir damit auf alle möglichen schönen Papiere und Bütten. Nur faseriges Papier ist nicht geeignet, weil die Feder da gerne einhakt und Fasern daran hängen bleiben.

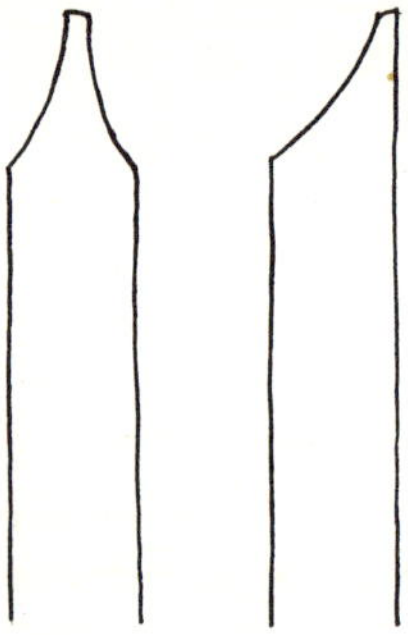

Rohrfeder

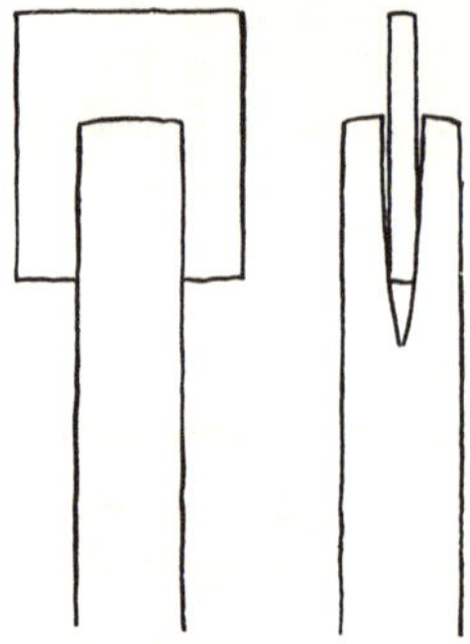

Feder aus Filzstück mit Holzgriffel

Aus Holz oder Rohr können Federn selbst geschnitzt werden. Wir nehmen dafür ein griffellanges Stück und schnitzen an einem Ende eine federähnliche Spitze. Beim Rohr wird der vordere Teil mehr oder weniger spitz. Beim Holz kann eine Kante von gewünschter Breite wie bei einer Breitfeder geschnitzt werden. Es gibt geschickte Bastler, die heften daran noch ein Tintenreservoir aus Blech, dessen Form einer Oberfeder abgeschaut wurde. Bei den einfachen Ausführungen müssen wir oft nach Tinte tunken, da die Feder dauernd durstet. So erhält das Buchstabenbild durch satte und durstende Striche als eigenes Gepräge einen lebendigen Wechsel von hell – dunkel. Mit diesen hölzernen Werkzeugen können wir auch bedenkenlos in Kleisterfarbe schreiben. Dies wird in einem späteren Kapitel näher erörtert. Wer sich für die Zubereitung eines Gänse- oder Schwanenkiels interessiert, kann dies eventuell in alten Schreibmeisterbüchern nachlesen. Falls jemand eine äußerst breite Schrift schreiben will und kein entsprechendes Werkzeug dafür findet, kann er sich eine beliebig breite „Feder" aus Filz mit einem Holzgriff anfertigen. Man schnitze an einem Ende eines handlichen Stück Holzes eine tiefe Kerbe, in die man ein Rechteck starren Filzes (Teppich) von gewünschter Breite klemmt.

Spitzpinsel gibt es in verschiedenen Ausführungen. Zum Schreiben verwenden wir gerne den japanischen oder chinesischen Pinsel, dessen Haare direkt von einem Bambusrohr festgehalten werden. Er ermöglicht uns das Schreiben von sehr freien, phantasievollen Buchstaben. Grundsätzlich halten wir den Spitzpinsel senkrecht in der Hand. Während beim Schreiben von großen Buchstaben der ganze Arm mitschwingt, fährt die Hand bei kleineren Buchstaben auf der Schreibfläche leicht mit. Es gibt zwei Möglichkeiten, den Pinsel zu führen. Bei

Spitzpinsel

der ersten steht der Pinsel senkrecht, wird aufgesetzt und weggeführt. Die andere besteht darin, den Pinsel aufzusetzen, wobei die Spitze ein wenig gekrümmt wird, und ihn dann wegzuziehen. Durch diese zwei unterschiedlicher Handhabungen können wir die

eher zufällig wirkenden Buchstaben etwas kontrollieren. Als Beispiele stehen sich vom gleichen Text zwei Fassungen mit Spitzpinsel und Spitzfeder gegenüber. Meistens wird ein Schriftblatt dann gut, wenn wir unsere Buchstaben schon weitgehend mit Breitfeder oder Pinsel geübt haben. So kann unsere Hand sicher innerhalb des schon Erarbeiteten neue fließende Formen erspüren. Für den einen mag das ein lang erwünschter Durchbruch zu neuen Anwendungen sein, für den anderen ein Schwimmen in haltlosen Formen, aber in jedem Fall ein ganz anderes Schreibgefühl. Gerade bei einem dicken Spitzpinsel haben wir Gelegenheit, durch wechselnden Druck Strichstärken von haarfein bis ausgesprochen kräftig in ausgewogenem Rhythmus hervor zu bringen. Wenn wir das Mögliche durchprobieren, kommen wir seiner Gesetzmäßigkeit nahe. Das Schreiben mit dem Spitzpinsel verlangt eine großzügige

Bewegung und eher großflächige Formate. Wir können damit auf Papieren von sehr unterschiedlicher Beschaffenheit schreiben. Reizvoll ist es, ihn auf dünnen, wolkigen und faserigen Japanpapieren einzusetzen, da wir auf diesen zarten Papieren mit Federn nichts ausrichten können. Wegen seiner sehr freien Art eignet er sich nicht für jeglichen Zweck, bevorzugt für freie Blätter und Gedichte, sowie Glückwünsche an Freunde. Zur Pflege des Spitzpinsels gilt wie für die anderen Pinsel: Gründliches Auswaschen und danach Aneinanderdrücken der Haare in die geschlossene ursprüngliche Form mit dem Mund oder drei Fingern. Der Japanpinsel ist recht preiswert und dies erlaubt uns, davon ein kleines Sortiment der verschiedenen Stärken anzulegen.

Papiere

Es gibt eine Vielzahl schöner Papiere, die wir für ansehnliche Arbeiten verwenden können. Wir beziehen sie im Fachhandel für Künstlerbedarf, im Schreibwarengeschäft, beim Buchbinder, in Druckereien oder direkt von den Werkstätten, wo handgeschöpftes Bütten entsteht. Die Unterschiede in der Beschaffenheit der Papiere sind groß. Zur Auswahl stehen Blätter von ganz glatter über leicht strukturierte bis zu grober Oberfläche. Andere Unterschiede finden wir von weicher, leicht saugender, zu steifer, spröder Qualität. Japanpapiere sind meist faserig und deshalb mit Federn schlecht zu schreiben. Also gebrauchen wir hier den Spitz- oder Breitpinsel. Neben den blendend weißen Papieren bieten die farblich leicht gebrochenen eine Vielfalt an Tönungen. Hierbei finden wir auch unterschiedliche Ingres- oder Tonpapiere, für die wir unsere Schreibflüssigkeit je nach Wunsch und Leserlichkeit einfärben können. Geeignet sind Deckfarben. Handgeschöpftes Bütten und Pergament sind Materialien von ganz besonderem Wert, die wir auch in diesem Sinne mit entsprechend ansehnlichen Arbeiten versehen. Bei den Tierhäuten, Pergamenten, sind beachtliche Qualitäts- und Preisunterschiede zwischen Schaf-, Ziegen- und Kalbspergament. Letzteres sieht sehr kostbar aus und ist demgemäß teuer. Wenn die Tierhaut die Schreibflüssigkeit nicht annimmt, muß der Schreibgrund behandelt werden. Auf einem Zipfel der Haut also ausprobieren, ob Abradieren den gewünschten Erfolg bringt. Selbstverständlich ist nicht jedes beliebige Papier für alle Werkzeuge und Schreibflüssigkeiten geeignet. Wir probieren die erhältlichen Qualitäten mit den verschiedenen Schreibwerkzeugen durch. So erfahren wir, daß es sich auf glattem und auf strukturiertem Papier nicht gleich schreiben läßt. Auf griffigem Grund haben wir den Eindruck, als schrieben wir langsamer. Jeder Buchstabe wird irgendwie bedächtiger an seinen Platz gesetzt und in seine Form gebracht, weil uns die Schreiboberfläche etwas Widerstand entgegenhält. Es ist zu empfehlen, sich an einem Randstreifen des gleichen Papiers einzuüben, damit wir das Schreibwerkzeug sicher im Griff haben. Noch etwas über die Handhabung der Papierbogen. Bütten mit Originalrand zerschneiden wir nicht gerne, wegen der dekorativen Begrenzung der ursprünglichen Form. Wenn wir bei anderen Papieren einen ähnlich weichen Rand statt des geraden Schnittes haben möchten, machen wir folgendes: Wir falzen das Papier an der gewünschten Stelle, streichen zum Erweichen mit einem feuchten Pinsel daran entlang und reißen es dann sorgfältig durch. Das Aufbewahren von großen Bogen kann bei Platzmangel ein Problem sein. Entweder versorgen wir das Papier in großen Zeichenmappen oder in verschließbaren Rollen. Am besten wäre es, wir könnten es liegend in einem Schrank aufheben, damit es nicht zerknittert oder staubig wird.

Schrift in anderen Techniken

Wir haben nun einiges an Schriften kennengelernt. Auch verschiedene Schreibwerkzeuge sind uns, wenigstens theoretisch bekannt. Jetzt wollen wir uns unterschiedlichen Anwendungstechniken zuwenden. Dabei werden die Bedingungen, die die Schrift selbst betreffen, heraus gearbeitet. Um die technische oder handwerkliche Ausarbeitung ausführlich darzutun, ist der Umfang dieses Buches zu klein. Dazu ist dann Spezialliteratur oder die Befragung eines Fachmannes notwendig. Wir beginnen mit einer Technik, die noch reines Schreiben ist, dem Kleisterpapier. Das Papier hierfür soll nicht zu leicht sein, etwa 150 – 200 g/qm. Wir nehmen uns einen Kleister vom Buchbinder oder Tapetenkleister. Er muß gut gelöst sein. In den Kleister geben wir soviel Farbe und Wasser, daß die Streichprobe ungefähr halb deckend ausfällt und noch schön klebrig. Dann kleben wir mit Tesaband ein Stück Papier, das größer ist, als das Endprodukt sein soll, auf eine glatte Unterlage, der es nichts ausmacht, wenn sie beschmiert wird. Mit einem breiten Borstenpinsel streichen wir nun das Papier ganz an. Daß die Pinselstriche sichtbare Spuren hinterlassen, ist nicht störend, sondern ein willkommener Effekt. In diesen feuchten Kleistergrund können wir nun hineinschreiben. Als Schreibwerkzeug benutzen wir am besten ein auf die gewünschte Breite zurechtgeschnitztes Holz. Mit diesem nehmen wir schreibend den noch nassen gefärbten Kleister weg und das Papier kommt wieder zum Vorschein. Außerdem ergibt die weggeschobene Farbe an den Rändern der Buchstaben recht interessante Schatten. Das Schwierige bei dem ganzen ist nur, daß man fertig werden muß, solange der Kleister noch naß ist, und daß man keine Hand auf das Papier auflegen darf. Nach der Trocknung kann das gewünschte Format ausgeschnitten werden. Auch das nur angestrichene Kleisterpapier kann verwendet werden, zum Beispiel als Untergründe für Schriftblätter oder andere Graphiken. Außerdem kann man getrocknetes Kleisterpapier auch mit der Feder beschreiben. Die Abbildung zeigt den Ausschnitt aus einem Schriftblatt in Kleistertechnik in natürlicher Größe.

Eine weitere Möglichkeit der Schriftanwendung ist das Schreiben auf Wände. Das kann außen und innen sein. Hausnamen, Haussegen, Gasthaus- oder Firmenbezeichnungen sind so ausführbar. Auch in Kirchen werden hin und wieder Bibeltexte auf Wänden gestaltet. Sammlungen und Museen sind dankbare Objekte für Wandbeschriftungen. Als Schreibwerkzeug kommt für die Wand nur der Breitpinsel in Frage, für kleine Schriften der Haarpinsel, für große der Borstenpinsel. Zum Schreiben verwenden wir wisch- und wasserfeste Plakat- oder Binderfarben. Das Linieren geschieht mit Kohle und muß so zart wie möglich sein. Dann kann man nämlich, wenn das Geschriebene getrocknet ist, durch Schlagen mit einem sauberen Tuch die Kohlespuren entfernen. Für größere Schriften und lange Zeilen gibt es die Methode des Abschnürens. Dazu brauchen wir eine Schnur von entsprechender Länge. Diese wird mit Kohle eingerieben. Die Schnur wird straff gespannt rechts und links an die Wand fest angedrückt, dann zieht man sie in der Mitte von der Wand ab und läßt wieder los. Beim Zurückschnellen lösen sich die Kohleteilchen und hinterlassen auf der Wand die markierte Linie. Dann mischt man sich seine Farbe an. Um den Farbton und die Dicke der Farbe zu kontrollieren, macht man ein paar Striche auf ein Papier oder auf Pappe. Am besten ist es natürlich, wenn man ein Stück Wand findet, das zugestellt wird oder aus sonstigen Gründen nicht ins Auge fällt.

Dort sieht man am ehesten ob die Farbe stimmt. Der Pinsel darf zum Schreiben nicht zu voll sein. Gerade das nicht satt Ausgeschriebene kann sehr reizvoll sein. Beim Schreiben auf der Wand kann die Hand nicht so bequem aufgelegt werden wie am Tisch. Am besten fährt, wer frei, ohne Auflegen schreiben kann. Bei kleinen Schriften darf die Hand leicht mitführen, bei größeren, wo die Hand laufen muß, geht das nicht mehr so gut. Dort kann der kleine Finger eine leichte Führung an der Wand übernehmen. Wer so nicht zurecht kommt, muß es mit dem Malstock versuchen. Zum Üben von Wandbeschriftungen eignen sich am besten Wände, die in Kürze tapeziert werden sollen. Als Schriftformen empfehlen sich die Breitfederschriften.

Über der Tür zu einem Weinkeller wurden durch den Schwung des Z und durch das weitausholende und tiefer gezogene l Türe und Schrift zu einer guten Einheit gebracht. Das in der Mitte stehende W rundet das Gesamtbild der Türbekrönung ab.

Für Schilder, die dem Wetter ausgesetzt sind, kann man auch Lackfarbe mit dem Haarpinsel schreiben. Für Bastelzwecke gibt es Kunstharzlacke in kleinen Dosen. Als Schriftträger kommen gestrichene oder gespritzte Holz- oder Blechschilder in Frage. Es gibt auch Kunststoffbeschichtungen, die verwendbar sind. Zum Linieren auf der Grundfläche nehmen wir Blei- oder Farbstifte. Vorher vergewissern, daß sich diese Striche wieder entfernen lassen. Um eine gute Plazierung der Schrift auf dem Schild zu erreichen, empfiehlt es sich, auf einem Papier gleicher Größe einen Entwurf zu schreiben. Dann mit einfachen Strichen die Grundformen der Buchstaben auf das Schild skizzieren. Die Farbe vor Arbeitsbeginn gut aufrühren und eine Probe machen. Wenn sich die Farbe nicht ziehen läßt, weil sie zu dick ist, vorsichtig mit Terpentin oder der farbgerechten Verdünnung verdünnen. Ist die Farbe zu zäh, hilft ein wenig Leinöl; ist sie zu dünn geworden, dann eine kleine Menge in ein offenes Gefäß geben und eine Zeitlang zum Verdunsten stehen lassen. Nach jedem neuen Eintauchen den Pinsel gut abstreichen und anschreiben. Hat der Pinsel zu viel Farbe, läuft der Buchstabe auseinander und die ganze Arbeit ist verdorben. Man wird mit einem Eintauchen im Durchschnitt einen Buchstaben schreiben können. Es geht also langsam. Doch ist es immer noch schneller, als die alte Methode des genauen Aufzeichnens und dann Malens. Wenn allerdings die Schrift zu blaß ist, muß nach dem Trocknen nochmal darüber geschrieben werden. Das hier gezeigte Parkschild ist auch zweimal geschrieben. In der Werbung wird heute meistens nach Zeichnung aus Folie ausgeschnitten und dann gespritzt oder Fertigbuchstaben aufgeklebt. Wie schön, wenn man dazwischen eine lebendige, frei geschriebene Arbeit sehen kann.

Bei einem gelungenen Schriftenentwurf kann der Wunsch auftauchen, das Blatt mehrmals oder gar vielfach zu haben. Wenn wir nicht immer dasselbe wie eine Maschine wieder herunterschreiben wollen, gibt es die Möglichkeit der graphischen Drucktechniken. Jede dieser Drucktechniken hat ihren eigenen Reiz und den Vorteil der großen Auflagenhöhe. Wer sich hier für Tiefdrucktechniken wie Metallstich oder Radierung interessiert, sollte sich in der Fachliteratur oder bei den Fachleuten die nötige Information holen. Als Schriften eignen sich vor allem die Spitzfederschriften. Es scheint verlockend, in Kaltnadeltechnik eine Schrift frei in eine Metallplatte einzukratzen, um davon Drucke zu erstellen. Aber man darf nicht vergessen, daß die Schrift auf der Platte spiegelverkehrt stehen muß.

Günstiger ist Linolschnitt oder Holzschnitt. Schon daß das Drucken keine Presse erfordert, sondern leicht von Hand geschehen kann, ist ein Vorteil. Beide, sowohl Linol- als auch Holzschnitt sind Hochdrucke: Was auf der Druckplatte hoch steht, wird eingefärbt und somit auch abgedruckt. Auch hier muß der Schnitt spiegelverkehrt sein. Linol ist weich und gut zu schneiden, das Werkzeug weniger aufwendig und der Druck wird recht sauber. Holz ist härter und die Maserung kann störend sein. Das dafür nötige bessere Werkzeug ist jedoch auch keine so große Ausgabe. Es erfordert lediglich beim Schneiden Aufmerksamkeit, die Maserung zu beachten. Ein Fehlschnitt läßt sich mit Leim- oder Holzkitt sogar leichter als beim Linoleum reparieren. Das härtere Holz läßt den Schnitt markanter wirken als das schmiegsamere Linol. Für dünn auslaufende Striche ist das Holz gerade wegen seiner Härte besser brauchbar. Nur muß man durch schräges Einschneiden erreichen, daß der Fuß der Striche am Holzstock schön kräftig bleibt und der Buchstabe nicht ausbrechen kann. Es ist begrüßenswert und häufig beliebt, daß sich die Maserung des Holzes beim Druck zeigt, gegenüber dem lebloseren Linoldruck. Deshalb wollen wir aber den Linoldruck nicht ablehnen, denn auch er hat seine Vorzüge. Durch das flottere Arbeiten ist er vor allem für Plakate vorzuziehen. Auch ist es einfacher, die gewünschte Auflage auf der Maschine drucken zu lassen, da Linoleum schön glatt liegt. Beim Holz erhebt sich die Frage: Welches? Viele nehmen das, was sie gerade beim Schreiner bekommen können, da es tatsächlich nicht so einfach zu sein scheint, jedes gewünschte Holz zu beschaffen. Linde und Ahorn sind weich und gleichmäßig, Birne ist härter, aber auch gleichmäßig, ohne sichtbare Maserung und unterschiedliche Härte. Es ist für großflächige Schriften gut geeignet. Maserung kann im Druck gestalterisch eingesetzt werden. Das abgebildete Beispiel ist in Limba geschnitten. Das Holz hat sich wider Erwarten gut bewährt.

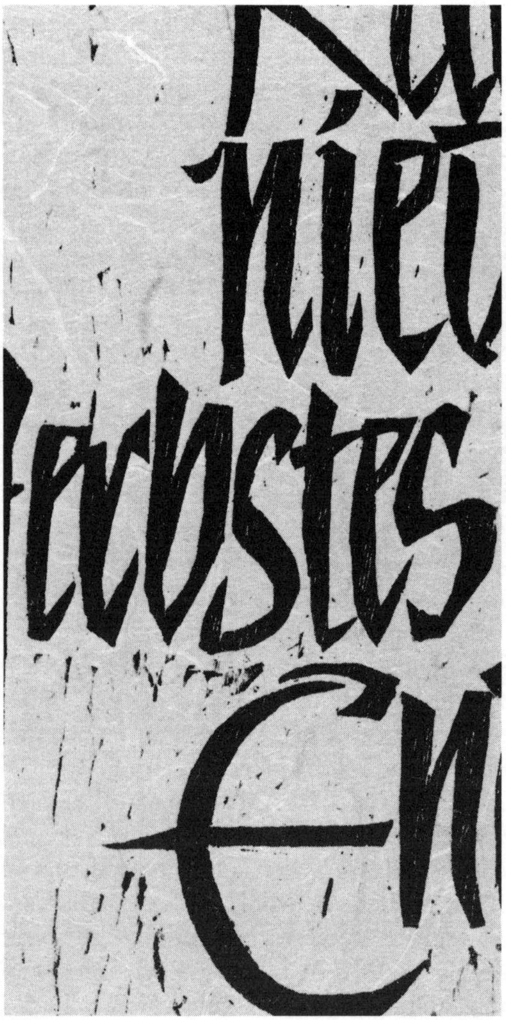

Nun wollen wir einen Holzschnitt vorbereiten. Wir fertigen zuerst einen geschriebenen Entwurf an. Dabei achten wir darauf, die Schrift nicht zu zart zu schreiben. Später, wenn wir versierter sind, können wir es auch zart versuchen. Wenn wir nach einigen Proben mit dem Blatt zufrieden sind, zeichnen wir die Schrift auf Transparentpapier durch, nehmen das geschriebene Blatt darunter weg und verbessern noch, wo es nötig erscheint. Sodann färben wir unsere Holzplatte dunkel und pausen unsere Zeichnung seitenverkehrt auf. Das Dunkelfärben der Platte ist gut, weil wir dann beim Schneiden besser sehen, wie unsere Arbeit aussieht, da das herausgeschnittene Holz ja hell wird. Wie man beim Schneiden selbst vorgehen will, und welches Werkzeug das beste ist, muß man für sich selbst herausfinden, da

ohnehin nicht für jeden das Gleiche gilt. Zum Drucken brauchen wir Farbe. Das für Linoldruck allgemein angebotene Japanaqua, eine wasserlösliche Farbe (wasserlöslich leider auch nach getrocknetem Druck) ist schön matt, trocknet aber recht schnell. Das ist dann nachteilig, wenn man einen sorgfältigen Handdruck macht, weil während des Druckens die Farbe eintrocknen kann. In einer Druckerei bekommt man aber leicht eine kleine Restmenge schwarzer Druckfarbe. Auf einer Glas- oder Steinplatte walzt man die Farbe gut aus. Die Walze soll nicht zu klein und nicht zu hart sein. Dann walzt man die Druckplatte ein. Den Farbauftrag möglichst dünn halten. Papier anlegen, andrücken und dann mit einem Falzbein oder ähnlichen Gerät Stück für Stück durchreiben. Bevor man das Papier wegnimmt, kontrolliert man erst durch teilweises Anheben, ob alles gut ausgedruckt ist. War der Farbauftrag zu satt, quetscht sich die Farbe über die Schriftkante weg, was nicht gut aussieht. Bei dünnem Auftrag ist das Durchreiben sehr mühsam, aber das gute Druckergebnis lohnt diese Mühe. Als Druckpapiere sind Japanpapiere besonders schön. Wenn man das Glück hat, einen guten Papierlieferanten zu haben, ist die Auswahl groß, wenn?! Alle anderen Papiere sind aber auch geeignet. Nur, je stärker und härter das Papier ist, um so schwieriger ist das Drucken. Wer wissen will, was für ihn am besten ist, muß ganz einfach Verschiedenes ausprobieren. Eigene Erfahrung ist immer nützlicher, als gute Ratschläge, die ja fremde Erfahrungen sind.
Für Holz- und Linolschnitte besonders gut geeignet ist diese Schriftform, die wir hier eingehender betrachten wollen. Auch für die Stein- und Holzbildhauer ist die Schrift als erhabene, das heißt über der Fläche stehende Schrift, wertvoll. Deshalb ist sie hier zwischen Holzschnitt

und Steinschrift eingeschoben. Auch diese „fette freie Block“, wie wir sie nennen wollen, kann mit der Breitfeder geschrieben werden. Schrifthöhe ist 3,5 mal die Federbreite. Macht man die Schrift höher, ohne mit den Buchstaben breiter zu werden, bleibt doch der geschlossene Schriftcharakter erhalten. Man kann diese Schrift als Zeilenbänder mit entsprechendem Zeilenabstand bringen. Geschlossen und blockhaft steht sie ohne Zeilenabstand. Das bedeutet aber nicht, daß man die Buchstaben zu sehr zusammenklemmt. Wie das Alphabet zeigt, sind die Buchstaben zwischen den Zeilen gerade noch getrennt. Spitzen können auch anstoßen oder wenig zusammenlaufen. Die Federhaltung ist bei dieser Schrift für die senkrechten Balken fast waagerecht und für die waagerechten Balken fast senkrecht. Einige Buchstaben sind hier in Konturen gezeichnet, so daß man sieht, wie sie ineinander geschrieben sind. Bei den großen Rundungen ist besonders wichtig, daß sie nicht zusammengesetzt, sondern ineinander geschrieben werden. Beim B kann man deutlich sehen, daß auch diese fast waage-

rechten Federhaltung in ihrer Richtung variiert werden soll, da sonst die Balken, die von oben rechts nach unten links laufen, gern zu dünn geraten. C, E und S sind am Schluß des Alphabets noch in einer anderen Form angeboten. Diese Schrift taugt natürlich auch für geschriebene Arbeiten und nicht nur für Holz und Stein. Es muß erwähnt werden, daß die Abstände hier sehr wichtig sind. Wenn wir über eine größere geschriebene Menge schauen, soll das Schwarz mehr sein als das Weiß. Nirgends jedoch soll ein schwarzes Übergewicht oder eine weiße Lichtung erscheinen.

Ein besonderes Material, das schon für Schrift verwendet wurde, als an Papier noch nicht zu denken war, ist der Stein. Wer damit anfangen möchte, sollte sich wegen Material, Werkzeug und dessen Handhabung an einen Steinmetz wenden, der ihm sicher einiges sagen wird. Wir sehen uns hier an, was wir von der Schrift her vorbereiten müssen. Grundsätzlich unterscheiden wir vertiefte oder gravierte Schrift und erhabene oder Reliefschrift. Außerdem gibt es noch die sogenannte vertieft-erhabene Schrift.

Hierbei ist Schrift und Umfeld in der gleichen Ebene. Dabei muß zwischen den äußeren Buchstaben und dem Umfeld eine Trennung geschaffen werden. Als Schrifttyp für vertieft kommen alle Schriften in Frage, die ausreichende Balkenstärke haben. Es ist zu beachten, daß eine Schrift, die in Stein geschlagen wird ohne farbiges Anlegen, allein durch ihre Plastik, auszeichnen soll. Sie wirkt immer etwas schwächer als die Zeichnung ausweist. Bei der erhabenen Schrift soll der wegzuschlagende Untergrund weniger sein als die stehenbleibende Schrift. Wenn bei der Erhabenen die Innen- und Zwischenräume nicht zu groß sind, können sie, wie bei der vertieften Schrift, keilförmig eingehauen werden. Doch jetzt wollen wir uns der Arbeit zuwenden, die wir auch machen müssen, wenn wir die Schrift nicht selbst in Stein ausführen wollen, sondern nur den Entwurf liefern. Wie bei jeder Schriftarbeit wird man nach einigen Schmierentwürfen den Text ein- oder auch mehrmals schreiben, bis man mit Größe, Verteilung und Einzelform einverstanden ist. Dieser Entwurf kann dann entweder direkt mit dem Pinsel auf den Stein geschrieben werden oder auf Transparentpapier als Zeichnung übertragen, die dann auf den Stein aufgepaust wird. Zum Schreiben auf dem Stein verwenden wir am besten Schlämmkreide oder Erdfarben mit etwas Tapetenkleister. Das läßt

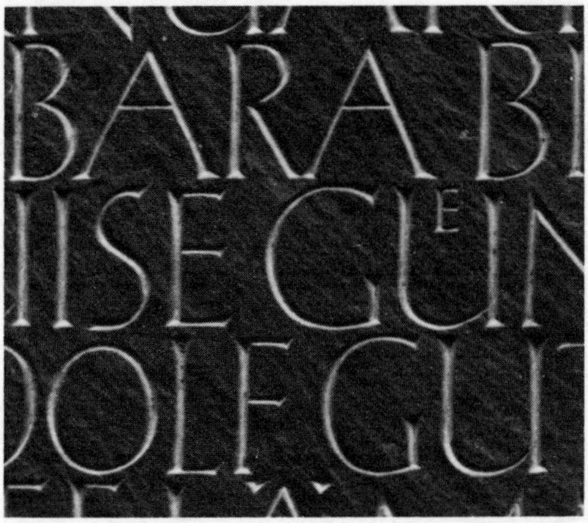

sich wieder abwaschen. Auch beim Aufpausen müssen wir darauf achten, daß sich verbliebene Pauspapierspuren danach beseitigen lassen. Sehr brauchbar ist ein Wachspauspapier. Das Besondere an solchen handwerklichen Ausführungen ist, daß die Behandlung der Oberfläche sich nach der Materialwahl richtet. Diese reicht von bruchrauhen Spaltflächen, die beim Schiefer erstaunlich glatt sind, über unterschiedliche handwerkliche Bearbeitungen bis zur polierten Oberfläche. Wissen muß man allerdings, daß nicht jedes Material jede Bearbeitung verträgt. Als Beispiel der Steinschrift haben wir hier eine vertiefte Antiqua und eine erhabene fette freie Block. Auf der nächsten Seite steht noch einmal ein Antiqua-Alphabet. Es ist eine gezeichnete Schrift, die man aus einer geschriebenen entwickeln oder auch frei zeichnen kann. Die Grundmaße und Verhältnisse entsprechen denen auf Seite 14. Neu sind hier vor allem die sogenannten Füße. Das sind die Abschlüsse der Schriftbalken oben und unten. Wenn hierbei Stärken oder Verhältnisse angesprochen werden, so gelten diese Angaben für die graphische, das heißt die schwarz-weiß Wirkung. Zu jedem Material müssen wir, je nach Güte der Auszeichnung, Änderungen vornehmen. Zu dieser Auszeichnung gehört nicht nur, was das Material bei entsprechender Behandlung bringt, sondern auch das, was durch Nachbehandlung dazu gebracht wird. Balkenstärke der Senkrechten ist 1/10 der Schrifthöhe, Balkenstärke der Waagerechten etwas mehr als die Hälfte der Senkrechten. Die stärkste Stelle bei Rundungen hat wenig mehr als die senkrechten Balken. Die schwächste Stelle der Rundungen zeigt etwas weniger als die waagerechten Balken. Die Betonung der Stärke liegt nicht in der Senkrechten, sondern, wie wir auch bei der geschriebenen Form sehen, in der Schräge des N. Deshalb auch die dünnen Senkrechten beim N. Die flächenfüllende Aufteilung des Alphabets ist natürlich nicht zwingend. Gerade diese Art der Antiqua verträgt auch das betont offene Bild durch große Buchstaben- und Zeilenabstände. Diese Antiqua ist in ihrer Verwendung nicht auf den Stein beschränkt, in dem sie nur eine gute Wirkung bringt, wenn sie tief genug eingeschlagen ist. Viele Anwendungen sind denkbar, wie etwa Beispiel Seite 93.

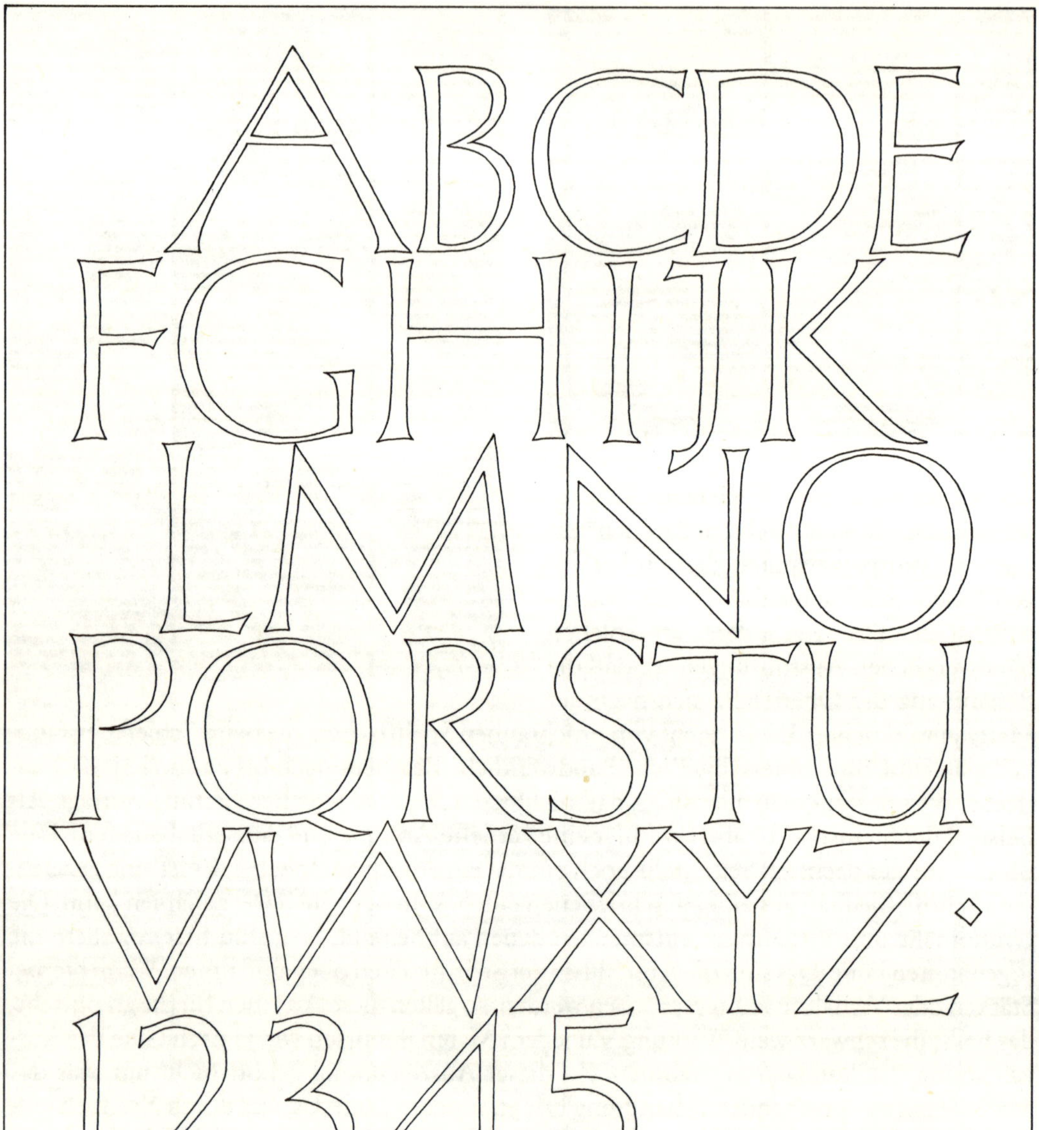
ABCDE
FGHIJK
LMNO
PQRSTU
VWXYZ·
12345
67890

Wir haben nun verschiedene Anwendungen von Schrift gesehen, zum Teil direkt geschrieben, zum Teil nach dem Geschriebenen gezeichnet. Es gibt allerdings noch viele Möglichkeiten, Techniken und Materialien, die für Schriftanwendung geeignet sind. Da unser Buch an sich das Schreiben behandelt, sind das allenfalls Randgebiete. Deshalb wollen wir sie wohl erwähnen, aber nicht ausbauen. So kann auch Leder auf verschiedene Art Schriftträger sein. Der Buchbinder wird bei Ledereinbänden meist Rücken oder auch Titel prägen. Das geschieht mit fertigen Messingbuchstaben oder Messingklischees. Für letztere muß eine geschriebene oder gezeichnete Vorlage geliefert werden. Geprägt wird blind, in Farbe oder Gold. Eine besondere, allerdings auch mühselige Arbeit sind Lederintarsien. Verschiedenfarbiges, aber gleichdickes Leder wird zusammengelegt, wieder ablösbar geklebt, und durch beide Lagen gleichzeitig die gewünschte Schriftform geschnitten. So passen beide Teile gut zusammen. Intarsien sind übrigens in vielen Materialien denkbar. Holz ist dafür am bekanntesten. Leder läßt sich selbstverständlich auch direkt beschreiben. Nachteilig ist, daß es sich zum Beispiel bei einem Buchtitel leicht abwetzt. Dem kann man vorbeugen, indem man die Fläche, die zur Beschriftung vorgesehen ist, etwas tiefer legt, so daß die Schrift gegen das Abwetzen geschützt ist. Zum Schreiben verwenden wir Tusche oder Plakatfarben. Vorsicht, Leder kann feuchtigkeitsabstoßend sein. Es muß dann vorbehandelt werden. So wie in anderen Techniken ist auch in Email Schrift anwendbar. Bei Zellenemail kann der Metallsteg selbst als Buchstabe geformt sein oder als Kontur einer flächigen Schrift stehen. Als Schriftform wäre es im ersten Fall eine auf den einfachen Strich reduzierte Antiqua, im zweiten die fette freie Block oder gotische Kleinbuchstaben. Bei Schriften in Metall braucht man für die aus Blech geschnittenen Buchstaben die vorbereitete Zeichnung. Es sind dafür viele Schriftarten verwendbar. Für Kunstschmiede bringt eine Zeichnung wohl nicht sehr viel, da die Arbeit ja doch recht frei entwickelt werden muß. Hier ist es wichtig, ein gutes Formgefühl zu haben, um die Buchstaben nicht gewaltsam zu verformen. Das passiert gerade bei solchen Techniken leicht. Die häufigste Anwendung von Metallschriften wird aber im Guß sein. Für gegossene Schriften wählt man oft das zusammenhängende Schriftbild. Liefert man dem Gießer nur die Zeichnung, sollte die Schrift an den passenden Stellen zusammenhängen. Wo das schwierig ist, genügt auch ein Annähern der Formen, weil sich die Buchstaben konisch verbreitern und so doch zusammentreffen. Diese Bedingungen am besten vorher mit dem Gießer durchsprechen. Wer handwerkliches Geschick hat, kann das Modell selbst erstellen. Dies ist in Holz, Gips, Wachs und Styropor möglich. Wer es dafür in Ton modellieren will, muß es dann in Gips abgießen. Außerdem kommt für Guß noch die Platte als Schriftträger in Frage. Auch hier kann die Zeichnung oder das Modell geliefert werden. Als Schriftform hierfür eignet sich die Antiqua von Seite 72 besonders, wobei die Schrift dann erhaben steht und der Querschnitt durch einen Schriftbalken ein Dreieck ergibt. Selbstverständlich können auch alle anderen Schriften genommen werden. Weiteren Anwendungen begegnen wir im textilen Bereich. Beim Sticken mit Stilstichen ergeben sich lineare Buchstaben, flächige arbeiten wir mit dem Nonnen- oder Klosterstich. Die Applikation zielt auf großzügige Flächenfüllung mit Buchstaben. Hier ist die gestalterische Verbindung von Sticken und Applizieren zu erwähnen. Beim Weben empfehlen sich als Techniken Gobelin und Kelim. Die Buchstabenformen sind bei Kelim kantig und der Entwurf sollte dies durch die Wahl einfacher Buchstabenformen berücksichtigen. In der modernen Textilkunst, wo verschiedene Techniken

gemischt und neue gesucht werden, ergeben sich auch für die Schrift neue Ansätze. In dem Bereich muß allerdings jeder seinen Weg selbst suchen. Eine Sonderstellung nimmt die Batik ein. Auch hier zwingt die Technik zu eigenen Formen, wie wir aus der Abbildung ersehen können. Das Material für die oben abgebildete Batik ist Nessel. Das Wachs für die Schrift wurde mit dem Tjanting aufgetragen. Durch den ungleichmäßigen Fluß des Wachses und das kräftige Material entstand der perlige Charakter der Schrift. Farben: erst grün, dann blau.

Schriftanwendung

Verschiedene Schriften, Techniken, Materialien und Werkzeuge bilden die Grundlage der Schriftanwendung im täglichen Leben. Durch Kombinieren und Probieren üben wir unsere Sensibilität für die jeweils geeignetste Zusammensetzung. Glückwunschkarten sind ein gutes Experimentierfeld. Wir bereiten uns ein Papier von einiger Qualität auf ein Format und in einer Faltung vor, wie es der gedachten Textmenge und der vorgesehenen Schrift entspricht. Dabei die Umschlaggröße berücksichtigen, denn die Post hat ganz bestimmte Versandvorschriften. Notfalls lassen sich auch Umschläge aus dem Papier der Glückwunschkarte selbst falten. Nun kann das Schreiben bei der Adresse beginnen, so ist unserem Gruß von vornher-

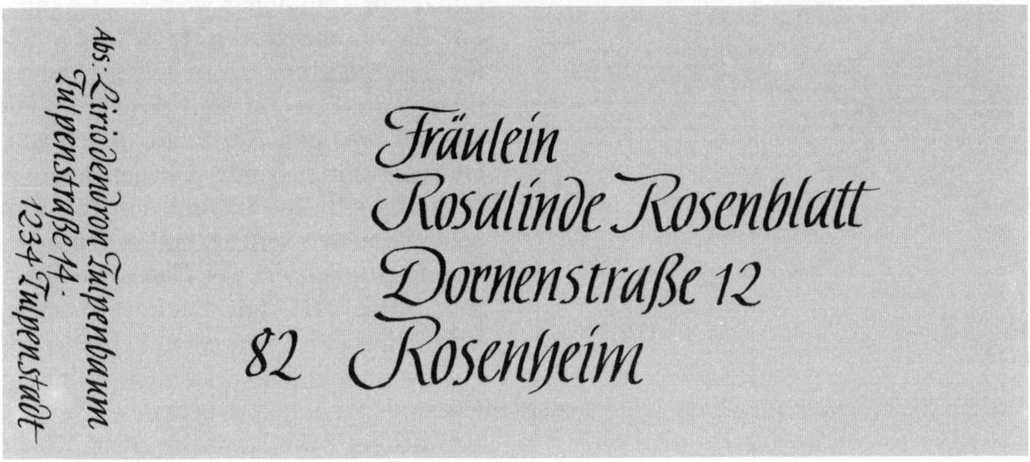

ein freundliche Aufmerksamkeit sicher. Für den festlichen Bereich der Gratulation eignen sich die eleganten, schwungvollen Buchstaben mit der Spitzfeder speziell. Auch bei den ernsten Anlässen, die es immer wieder zu bewältigen gilt, wird mit der selbstgeschriebenen Karte die Anteilnahme glaubwürdig und trostreicher. Dabei im Buchstabenbild eine maßvolle

Ruhe anstreben. Dies führt uns zur Frage nach dem Text. Vom einfachen „Herzlichen Gruß“ bis zum gezielt gewählten kleinen Gedicht oder Sinnspruch reicht die Spanne. Auf der Suche nach Texten steht uns die Literatur der ganzen Welt offen, sowie ihre Sprichwörter, religiösen Texte und Philosophien. Wer sich das Schreiben zu eigen gemacht hat, wird intensiver lesen und Gedachtes nachempfinden, in dem Bestreben, es gerecht zu interpretieren. Schrift kann immer mit Zeichnung, Symbol oder Ornament kombiniert werden. Das Interesse für Familiengeschichte ist wieder größer geworden und so stellen sich hierzu öfter Aufgaben für den Schreiber. Für Stammbaum und Ahnentafel gelten voneinander abweichende Gliederungsarten. Während sich der Stammbaum von dem einen Vorfahren herleitet und zu den vielen Familienmitgliedern der Gegenwart führt, geht es bei der Ahnentafel genau umgekehrt. Hier haben wir einen Lebenden als Ausgangspunkt und es erweitert sich hin zur breiten Skala seiner Vorfahren. Die Platzaufteilung muß bei diesen Arbeiten bis ins letzte Detail vorbereitet sein, damit man keine böse Überraschung beim Schreiben erlebt. Wo die Reihen zu dicht werden und die Felder für Name, Vorname, Geburts- und Sterbetag, Beruf

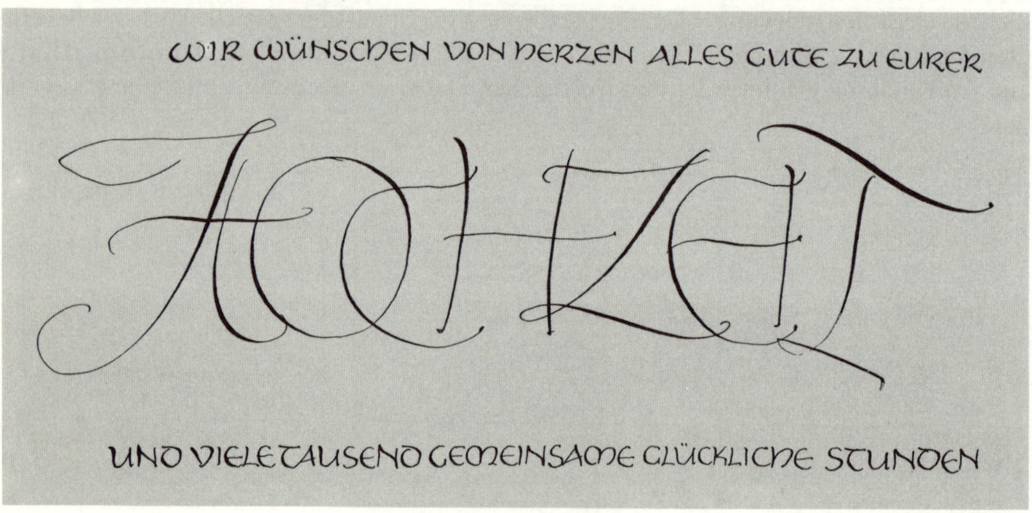

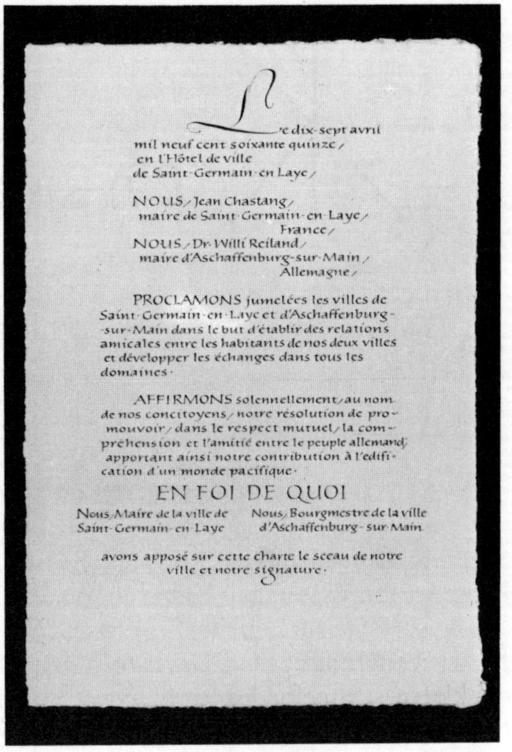
Le dix-sept avril
mil neuf cent soixante quinze /
en l'Hôtel de ville
de Saint-Germain-en Laye /

NOUS / Jean Chastang /
maire de Saint-Germain-en-Laye /
France /
NOUS / Dr. Willi Reiland /
maire d'Aschaffenburg-sur-Main /
Allemagne /

PROCLAMONS jumelées les villes de Saint-Germain-en-Laye et d'Aschaffenburg-sur-Main dans le but d'établir des relations amicales entre les habitants de nos deux villes et développer les échanges dans tous les domaines.

AFFIRMONS solennellement / au nom de nos concitoyens / notre résolution de promouvoir / dans le respect mutuel / la compréhension et l'amitié entre le peuple allemand; apportant ainsi notre contribution à l'edification d'un monde pacifique.

EN FOI DE QUOI

Nous / Maire de la ville de Saint-Germain-en-Laye — Nous / Bourgmestre de la ville d'Aschaffenburg-sur-Main

avons apposé sur cette charte le sceau de notre ville et notre signature.

und Hochzeit zu schmal werden, kann hochkant, also rechtswendig zu den offeneren Reihen geschrieben werden. Man fährt bei diesen Arbeiten mit einer schmallaufenden Schrift gut. Bei Wappen in der Beschriftung klar und kraftvoll bleiben und zu viele Schnörkel meiden. Besonders markante Ereignisse der Familien- und Firmengeschichte werden oft mit Urkunden belegt. Auch Ehrungen sind gegebene Anlässe hierfür. Da stehen wir dann vor der Frage, ob das Blatt historischen Charakter haben soll, oder als Dokument unserer Zeit auch ihre Prägung tragen soll. Mitunter läßt sich eine Lösung finden, die in der Schriftwahl oder im Aufbau eine glückliche Verbindung der beiden Möglichkeiten ist. Zu stark zum historischen Eindruck zu neigen, hieße die Wirklichkeit außer acht lassen. Als farbliche Auszeichnung kann ein gedämpftes Rot eingesetzt werden, aber bitte sparsam. Nicht mehr als zwei Schrifttypen zur Anwendung bringen. Es ist vorteilhaft, eine geschlossene Gliederung des laufenden Textes zu suchen. Als Schriftgründe taugen Büttenpapiere und bei gehobenen Repräsentationsansprüchen Pergament.

Der Geschäftsbereich ist das Arbeitsgebiet der Werbegraphik überhaupt. Vieles geschieht hier im Satz und mit Druckschriften. Aufträge für individuell gestaltete Briefköpfe, Umschläge, Prospekttitel oder Stempel fordern eine Schrift und einen Aufbau, wie es der Art des Unternehmens gerecht wird. Hierbei ist die Arbeitsweise heutiger Bürotechnik zu berücksichtigen. Bei Gestaltung modern nicht mit modisch verwechseln. Es lohnt sich, mit dem Drucker eine passende Druckschrift für die technische Information, wie Bankverbindungen, Datum und ähnliches auszuwählen, die dann mit dem Namenszug eine gute Einheit bildet. Auch die Formatfragen werden bei allen Drucksachen am besten mit dem Drucker

daniel burla

Steinmetz- und Bildhauermeister
Prehlstrasse 20 · 3280 Murten
Tel · 037 · 71 24 35 · Postcheck 17 · 1732

db

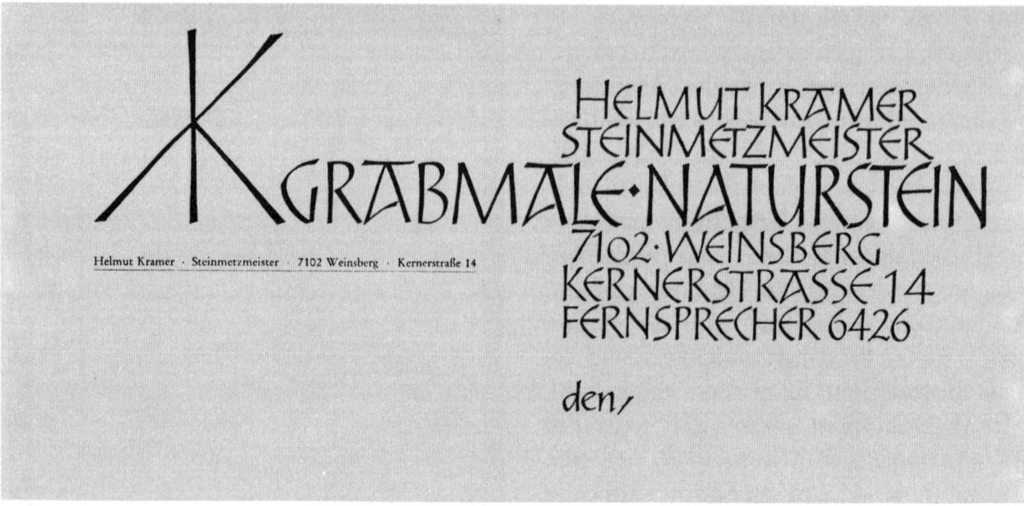

abgesprochen, ebenso die Farbwahl. Es ist sinnvoll, den ganzen Komplex der Firmenwerbung der Einprägsamkeit halber auf einen Nenner zu bringen.

Als Beispiel hierfür steht der Schriftzug „Alpenhof", der auch für alle Artikel im Service des Motels Verwendung fand. Das kann bis zum Stempel reichen. Dieser soll nicht zu groß sein, des klaren Stempelbildes wegen. Zunft- oder Firmenzeichen können mit dem Namen kombiniert werden. Perspektivische Ausführungen sind zu meiden. Bei jedem Ladengeschäft ist die Dekoration der Schaufenster eine stets wiederkehrende Aufgabe für Beschriftungen.

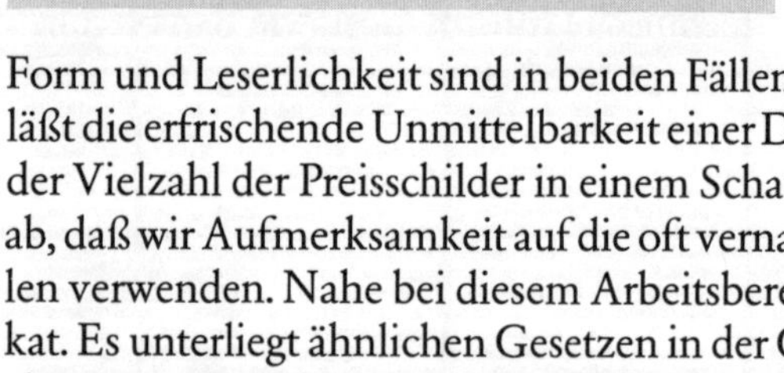

Hier unterscheiden wir zwischen den sich regelmäßig wiederholenden Anlässen, wie Weihnachten, Ostern, Schlußverkauf und Saisonangeboten, für die es sich lohnt, gut durchdachte Arbeiten, die mehrmals verwendet werden, auszuführen und den einmal genutzten Schildern, die für jede Dekoration neu erstellt werden müssen. Gute Form und Leserlichkeit sind in beiden Fällen wichtig. Eine Kursiv mit Handschriftcharakter läßt die erfrischende Unmittelbarkeit einer Dekorationsbeschriftung gut durchkommen. Bei der Vielzahl der Preisschilder in einem Schaufenster hängt der gute Gesamteindruck davon ab, daß wir Aufmerksamkeit auf die oft vernachlässigten Zahlen verwenden. Nahe bei diesem Arbeitsbereich liegt das Plakat. Es unterliegt ähnlichen Gesetzen in der Gestaltung, kann aber je nach Anlaß auch graphisch sehr anspruchsvoll sein. Um die notwendige Fernwirkung zu erzielen und die Neugier zu wecken, ist es gut, den Anlaß optisch heraus zu stellen. Dies kann gleich wirksam bei einem reinen Schriftplakat oder in Verbindung von Schrift und Zeichnung oder Schrift und Photo gelingen. Nur soll die Schrift alles zusammenfassen, da

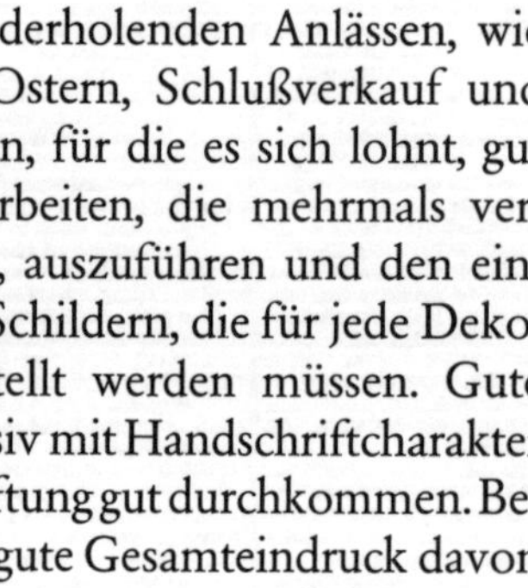

AUSSTELLUNG
ERNST VOLLMER
30·MAI–21·JUNI
Schrift
IN DER GALERIE DERING·HERSTALLSTR·43
IN VERBINDUNG MIT DEM GESCHICHTS-U·KUNST
VEREIN U·DEM STÄDT·MUSEUM ASCHAFFENBG·
GEÖFFNET: SONNTAG–DIENSTAG 11–16 UHR
MITTWOCH–FREITAG 16–20 UHR

STIFTSMUSEUM
DER STADT
ASCHAFFENBURG

sich das Plakat ja meist zwischen anderen behaupten muß. Daten und Öffnungszeiten sowie Eintritt können dann klein beigeordnet werden. Das Gelingen des Ganzen hängt wesentlich von einer guten Zusammenarbeit mit dem Drucker ab, damit der Entwurf so getreu wie möglich ausgeführt wird.

Abschließend noch eine Zusammenschau all der kleinen Aufgaben, die an uns herangetragen werden können. Das mag das Monogramm oder das Exlibris sein, spielerisch oder streng aufgefaßt, oder die Basarbeschriftung, um die uns der Vereinsfreund bittet und für die wir eine schwungvolle Wegwerfbeschriftung übernehmen. Nicht zuletzt freut sich die Hausfrau, wenn ihre Kräuterecke und ihre guten Hausmacher-Marmeladen hübsche Etiketten bekommen. Geschenke und kleine Jahresgaben lassen unserem Können viel Spielraum. Zuletzt noch ein paar Worte zum Kalender. Ihn kann man unter ein Motto stellen und als Wochen-, Monats- oder Quartalskalender anlegen. Das Kalendarium kann als Fußnote erscheinen und vom Blatt abgetrennt werden. Eine andere Auffassung vertritt das Integrieren der Zahlen in die Gestaltung der Blätter.

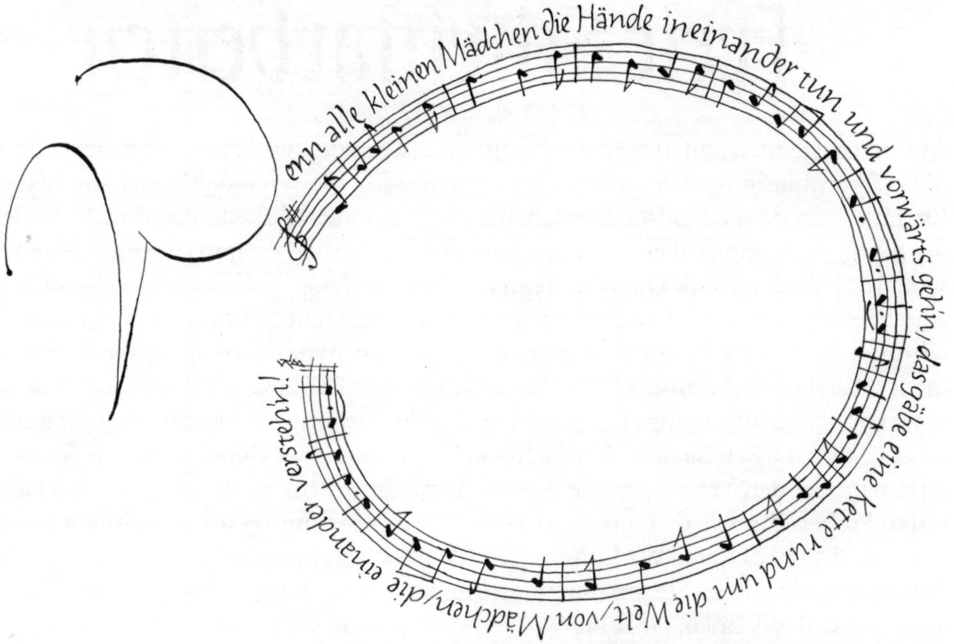
Wenn alle kleinen Mädchen die Hände ineinander tun und vorwärts gehn/ das gäbe eine Kette rund um die Welt/ von Mädchen/ die einander verstehn!

EX LIBRIS

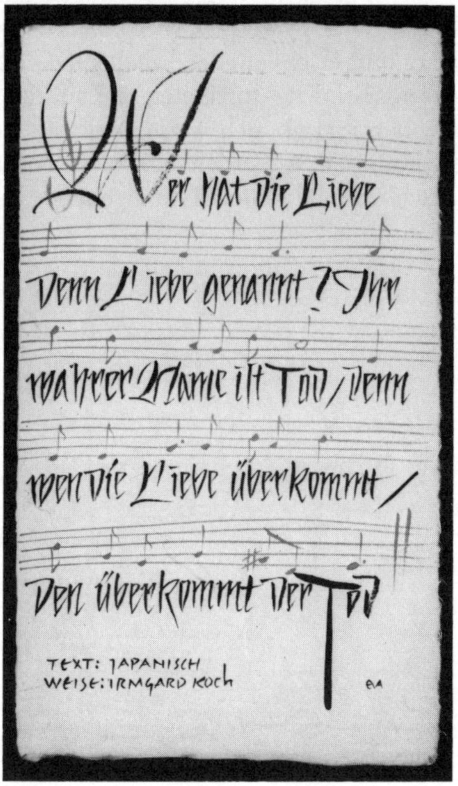
Wer hat die Liebe
denn Liebe genannt? Ihr
wahrer Name ist Tod/ denn
wen die Liebe überkommt/
den überkommt der Tod
TEXT: JAPANISCH
WEISE: IRMGARD KOCH

Freie Schriftarbeiten

Auf den folgenden Seiten sind freie Schriftarbeiten vorgestellt. Das Wort frei bedeutet hier ohne Zweckbindung, aber nicht unbedingt zwecklos. Meist handelt es sich um Texte aus der Literatur oder dem religiösen Bereich. Bei zweckbetonten Arbeiten wird wohl die Schriftart der Sache oder dem Anlaß angepaßt, aber die gute Lesbarkeit und die dekorative Wirkung stehen im Vordergrund. Die freie Textgestaltung verlangt, daß Schriftwahl und Textinhalt eine Einheit sind. Trotzdem läßt ein Text oft verschiedene Schriften zu. Wer weiter fortgeschritten ist, wird nicht nur an den erlernbaren Schrifttypen festhalten, sondern versuchen, die Buchstaben in Form und Rhythmus sowie das räumliche Zusammenspiel dem Inhalt bewußt oder gefühlsmäßig anzupassen und so die Ausdrucksmöglichkeiten der Buchstaben zu erweitern. Lassen Sie uns aber nicht ein Verunstalten der Buchstaben mit Ausdruck verwechseln. Bei den Versuchen, die gewünschte Schriftform zu finden, kann man gleich die ersten Proben für den Textaufbau machen. Die Zeilenführung soll dem Inhalt gerecht werden. Nie der dekorativen Wirkung zu liebe den Text an unpassender Stelle trennen. Andererseits ist es nicht gut, an Stellen durchzuschreiben, wo ein neuer Anfang angebracht ist. Es ist auch meist abzulehnen, einzelne Worte durch größere oder andere Schrift auszuzeichnen. Wenn es gemacht wird, soll es die berühmte Ausnahme sein. Soll ein Wort oder ein Begriff hervorgehoben werden, so können wir sie alleine in eine Zeile setzen. Eine geschickte Zeilenteilung erschließt den Inhalt gut. Die unterschiedlichen Arten der Zeilenverteilung sehen wir uns bei den Alphabeten und auf den folgenden Seiten an. Das, was der Drucker Flattersatz nennt, ergibt sich, wenn man links an einer Kante anfängt und die Zeilen laufen läßt, wie sie kommen. Außerdem gibt es die Mittelachsenlösung, sowie rechts und links im Wechsel anschließende Zeilen. Durchgehende Achsen innerhalb des Textes gliedern kraftvoll. Ein

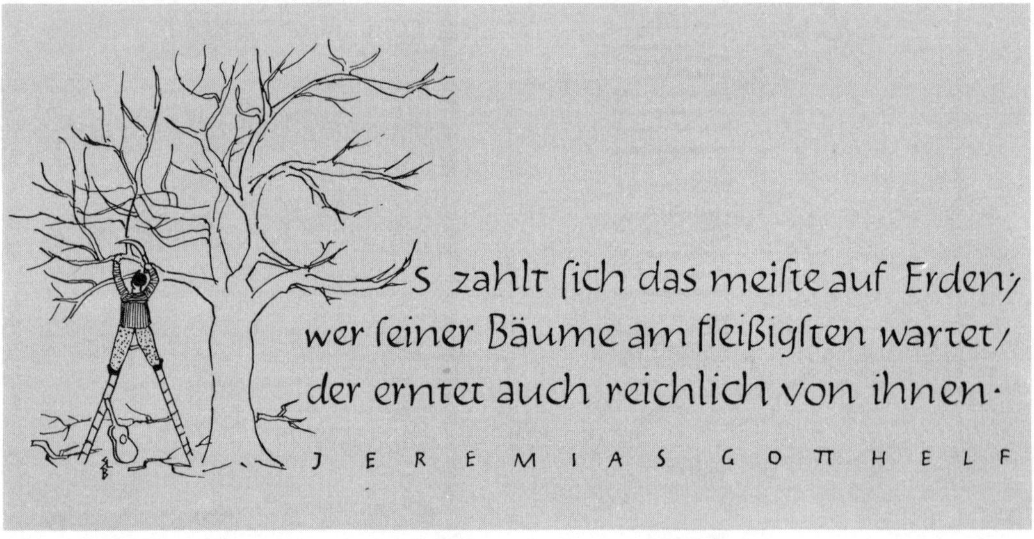

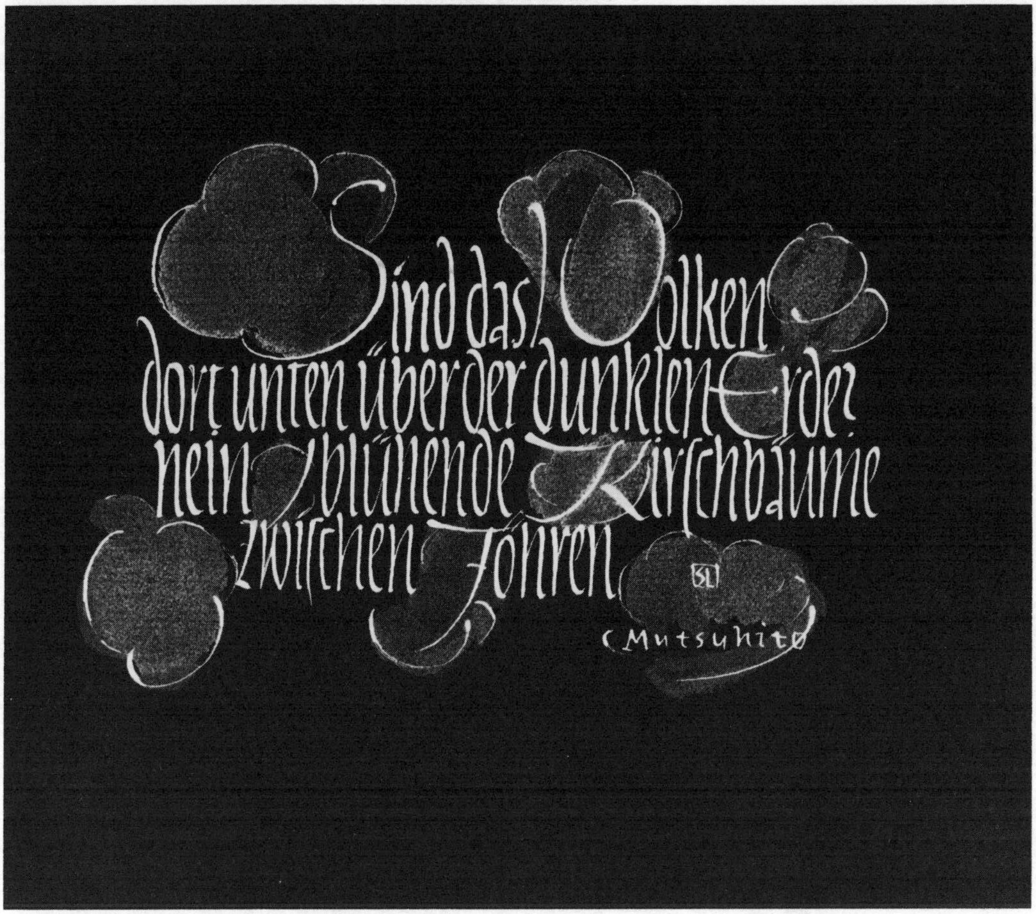

weiteres Mittel der Auszeichnung finden wir in Art und Größe sowie Plazierung von Anfangsbuchstaben. Dazu kommt die Gliederung mehrstrophiger Gedichte. Wir verschaffen uns einen ersten graphischen Überblick, indem wir einige Skizzen zur Anordnung der Strophen anfertigen. Wenn wir beim Betrachten von geschriebenen Gedichten sehen, wie sich die Zeilen zusammenfügen zu einem lebendigen, einheitlichen Bild, dann hat das oft seine Ursache darin, daß auf das Linieren verzichtet wurde. Dieses Schreiben ohne Zeilen fällt anfangs schwer. Ein leichtes Ansteigen oder Abfallen kann aber meist wieder aufgefangen werden. Dazu kommt dann noch, daß man bei Originalbütten gerne den Bogen unbeschnitten läßt. Der Text muß also auf Anhieb richtig in der Fläche stehen. Hier gilt es zu probieren. Hin und wieder hat man Glück, daß alles klappt. Je mehr wir üben, desto öfter wird das Glück auf unserer Seite sein. Schließlich wird das Danebengehen die Ausnahme bilden. Ein anderes Gebiet der Schriftgestaltung ist das handgeschriebene Buch. Natürlich wird man keinen ganzen Roman von Hand schreiben. In der Literatur gibt es aber genug Werke kleineren Umfangs. Auch Ausschnitte aus größeren Werken sind oft dankbare Schreibobjekte. Ein Versepos eignet sich ebensogut wie eine kleine Gedichtsammlung. Das Verhältnis von Buch-

größe, Satzspiegel, Schriftgröße und Zeilenabstand ist vielfältig zu variieren. Grundsätzlich ist für das Ermitteln der einzelnen Bedingungen die Doppelseite anzunehmen. In Museen, bei alten Handschriften und frühen Drucken können wir uns viele Anregungen für die gute Buchseitengestaltung holen, ohne Historisches zu kopieren. Es ist falsch, mit dem Papier sparen zu wollen und deshalb möglichst viel auf eine Seite zu quetschen. Bei Buchseiten ist das Linieren angebracht. Es gibt dabei eine besondere Art: man zieht in einer blassen Farbe Zeilen, die rechts und links auch durch senkrechte Linien abgeschlossen sind. Der Schrifttext wird dann nicht auf, sondern zwischen diese Zeilen geschrieben.

Diese Platte von S. Ruckszio ist in Belgisch Granit gehauen. Hier sind die Flächen in und zwischen den Buchstaben verkantet, so daß sich die Schrift aus den Rändern und Graten ergibt. Gegenüber der gleiche Text, einmal in Schiefer und einmal als Holzschnitt.

schri
kunst
schri
und
klag
dich ser
din
begert
iecz
niemen
mer
EA
LUCAS MOSER
VON WIL 1431

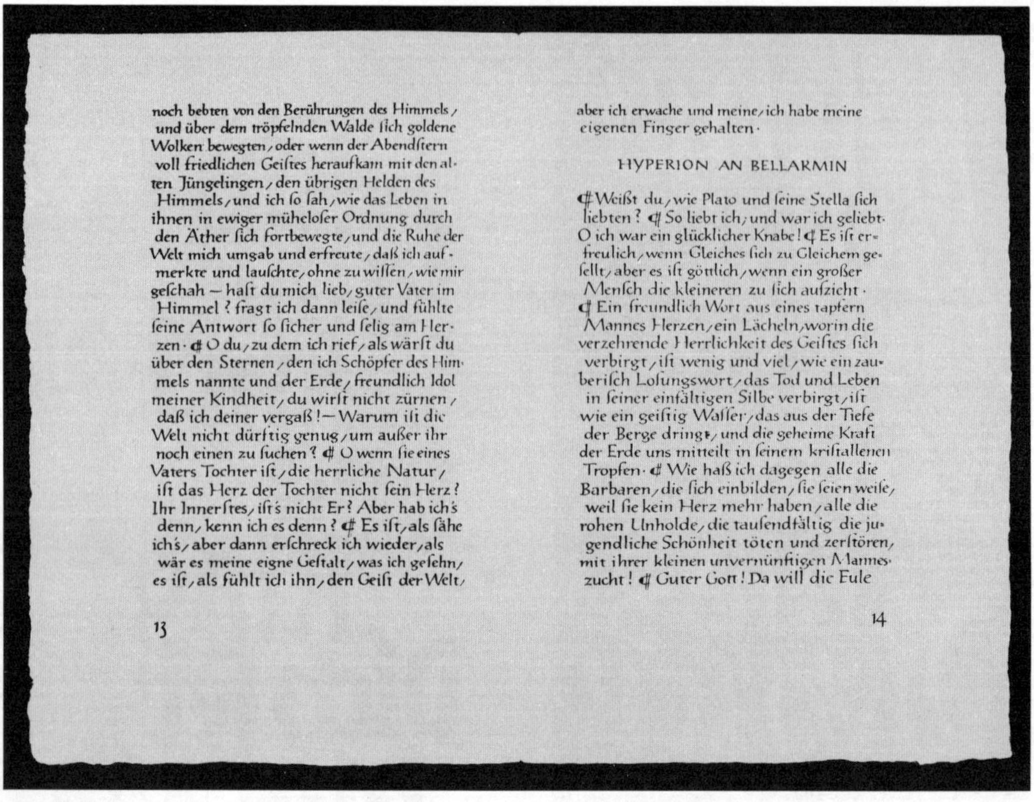

noch bebten von den Berührungen des Himmels /
und über dem tröpfelnden Walde ſich goldene
Wolken bewegten / oder wenn der Abendſtern
voll friedlichen Geiſtes heraufkam mit den al·
ten Jüngelingen / den übrigen Helden des
Himmels / und ich ſo ſah / wie das Leben in
ihnen in ewiger müheloſer Ordnung durch
den Äther ſich fortbewegte / und die Ruhe der
Welt mich umgab und erfreute / daß ich auf·
merkte und lauſchte / ohne zu wiſſen / wie mir
geſchah – haſt du mich lieb / guter Vater im
Himmel ? fragt ich dann leiſe / und fühlte
ſeine Antwort ſo ſicher und ſelig am Her·
zen · ¶ O du / zu dem ich rief / als wärſt du
über den Sternen / den ich Schöpfer des Him·
mels nannte und der Erde / freundlich Idol
meiner Kindheit / du wirſt nicht zürnen /
daß ich deiner vergaß ! – Warum iſt die
Welt nicht dürftig genug / um außer ihr
noch einen zu ſuchen ? ¶ O wenn ſie eines
Vaters Tochter iſt / die herrliche Natur /
iſt das Herz der Tochter nicht ſein Herz ?
Ihr Innerſtes / iſt's nicht Er ? Aber hab ich's
denn / kenn ich es denn ? ¶ Es iſt / als ſähe
ich's / aber dann erſchreck ich wieder / als
wär es meine eigne Geſtalt / was ich geſehn /
es iſt / als fühlt ich ihn / den Geiſt der Welt /

13

aber ich erwache und meine / ich habe meine
eigenen Finger gehalten ·

HYPERION AN BELLARMIN

¶ Weißt du / wie Plato und ſeine Stella ſich
liebten ? ¶ So liebt ich / und war ich geliebt ·
O ich war ein glücklicher Knabe ! ¶ Es iſt er-
freulich / wenn Gleiches ſich zu Gleichem ge-
ſellt / aber es iſt göttlich / wenn ein großer
Menſch die kleineren zu ſich aufzieht ·
¶ Ein freundlich Wort aus eines tapfern
Mannes Herzen / ein Lächeln / worin die
verzehrende Herrlichkeit des Geiſtes ſich
verbirgt / iſt wenig und viel / wie ein zau-
beriſch Loſungswort / das Tod und Leben
in ſeiner einfältigen Silbe verbirgt / iſt
wie ein geiſtig Waſſer / das aus der Tiefe
der Berge dringt / und die geheime Kraft
der Erde uns mitteilt in ſeinem kriſtallenen
Tropfen · ¶ Wie haß ich dagegen alle die
Barbaren / die ſich einbilden / ſie ſeien weiſe /
weil ſie kein Herz mehr haben / alle die
rohen Unholde / die tauſendfältig die ju-
gendliche Schönheit töten und zerſtören /
mit ihrer kleinen unvernünftigen Mannes-
zucht ! ¶ Guter Gott ! Da will die Eule

14

Die Doppelbuchseite zeigt die Anordnung des Textes aus Hyperion von Hölderlin. Geschrieben wurde das Buch in Antiqua mit Kleinbuchstaben. Dabei ist die Plazierung des Satzspiegels zum Papierformat und der Zeilenabstand zu beachten. Hier lernen wir auch die Absatzzeichen kennen, wie sie am Anfang des Kapitels bei Hyperion stehen. Ihr Vorteil ist das geschlossene Blatt, ohne halbleere Zeilen. Am Zeilenende ergibt sich beim Schreiben oft ein Verspringen. Um den vorderen Rand auch etwas lebendiger zu gestalten, sind auch hier leichte Einzüge gemacht.
Der Goethetext (Seite 87) „Gesang der Geister über den Wassern“ hat das Originalformat 65 x 44 cm. Das Büttenpapier ist mit der Notenfeder beschrieben und mit dunkler Tinte. Es sind hier keine Zeilen gezogen worden und auf dem Blatt keinerlei Vorzeichnung. Dafür gingen der Arbeit aber etliche Entwürfe voraus und so, gut eingeschrieben, wurde dann Zeile für Zeile auf das Blatt frei komponiert.
Im Beispiel auf Seite 88 war die Schreiberin bemüht, das Bild sichtbar zu machen, das beim Lesen aufsteigt, und Schrift und Zeichnung in der vom Pinsel diktierten gemeinsamen Gesetzmäßigkeit anzulegen. Beim Holzschnitt (S. 89) bestand die ähnliche Absicht, aber ausschließlich mit den Mitteln der Buchstaben verwirklicht. Auf Seite 68 ist ein originalgroßer Ausschnitt aus diesem Blatt vorgestellt. Die Mittelachse wird bestimmt von den Worten „Auf“ und „Ast“.

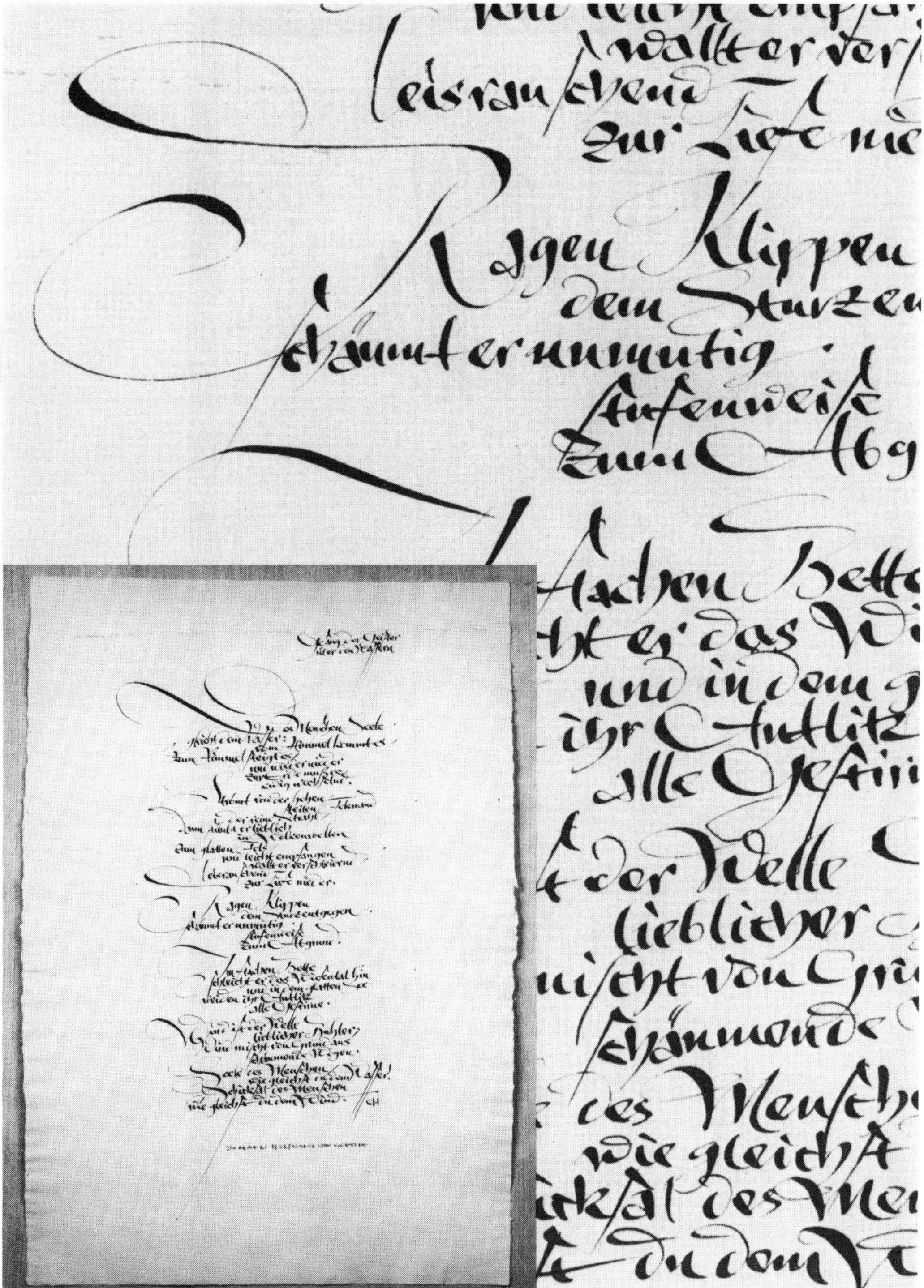
Ragen Klippen
schäumt er unmutig
stufenweise
lieblicher

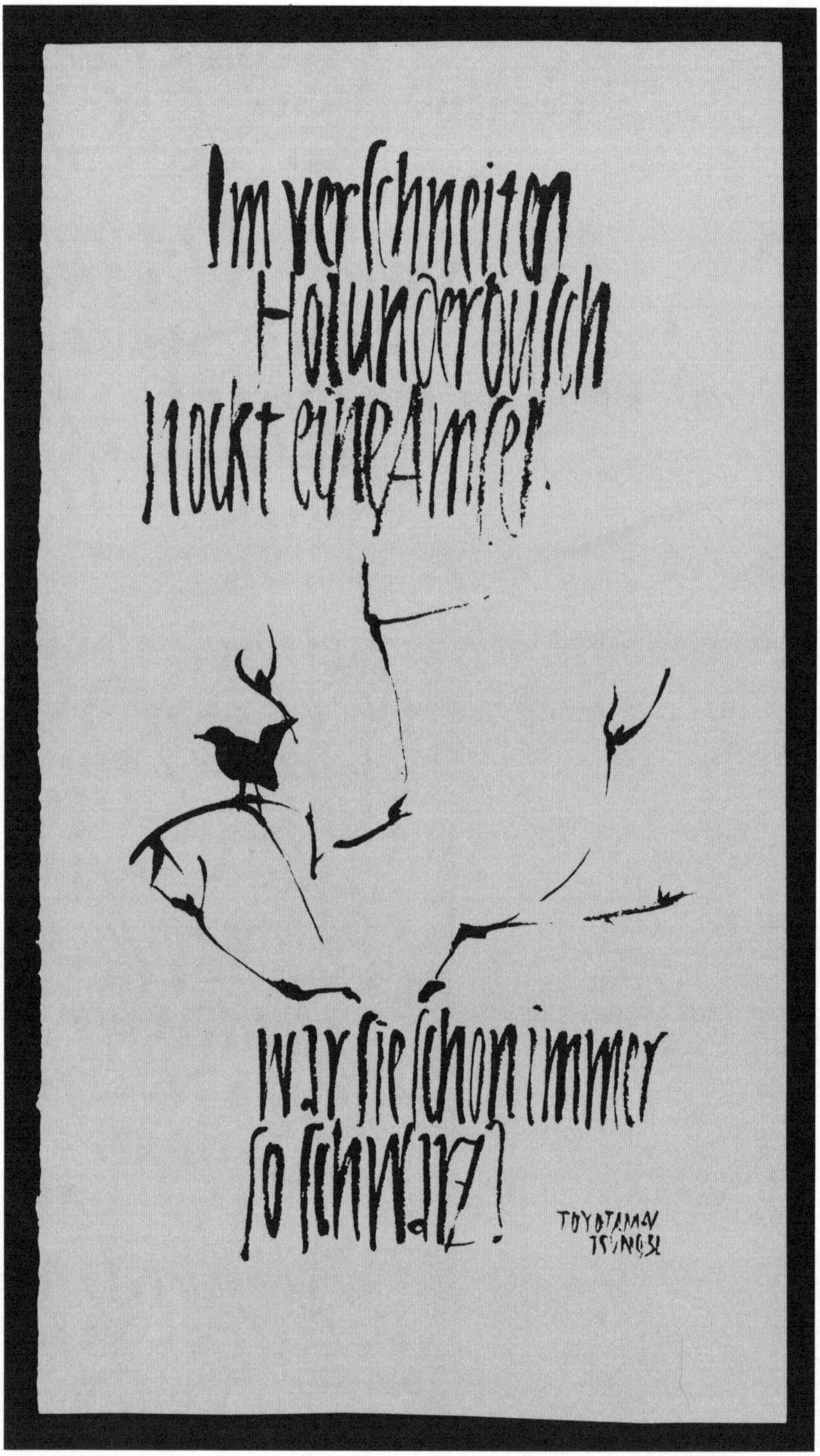
Im verschneiten
Holunderbusch
hockt eine Amsel.
war sie schon immer
so schwarz?

Auf
den dürren
Ast
hat sich ein
Rabe
niedergesetzt
zu Herbstes
Ende.
BASHO

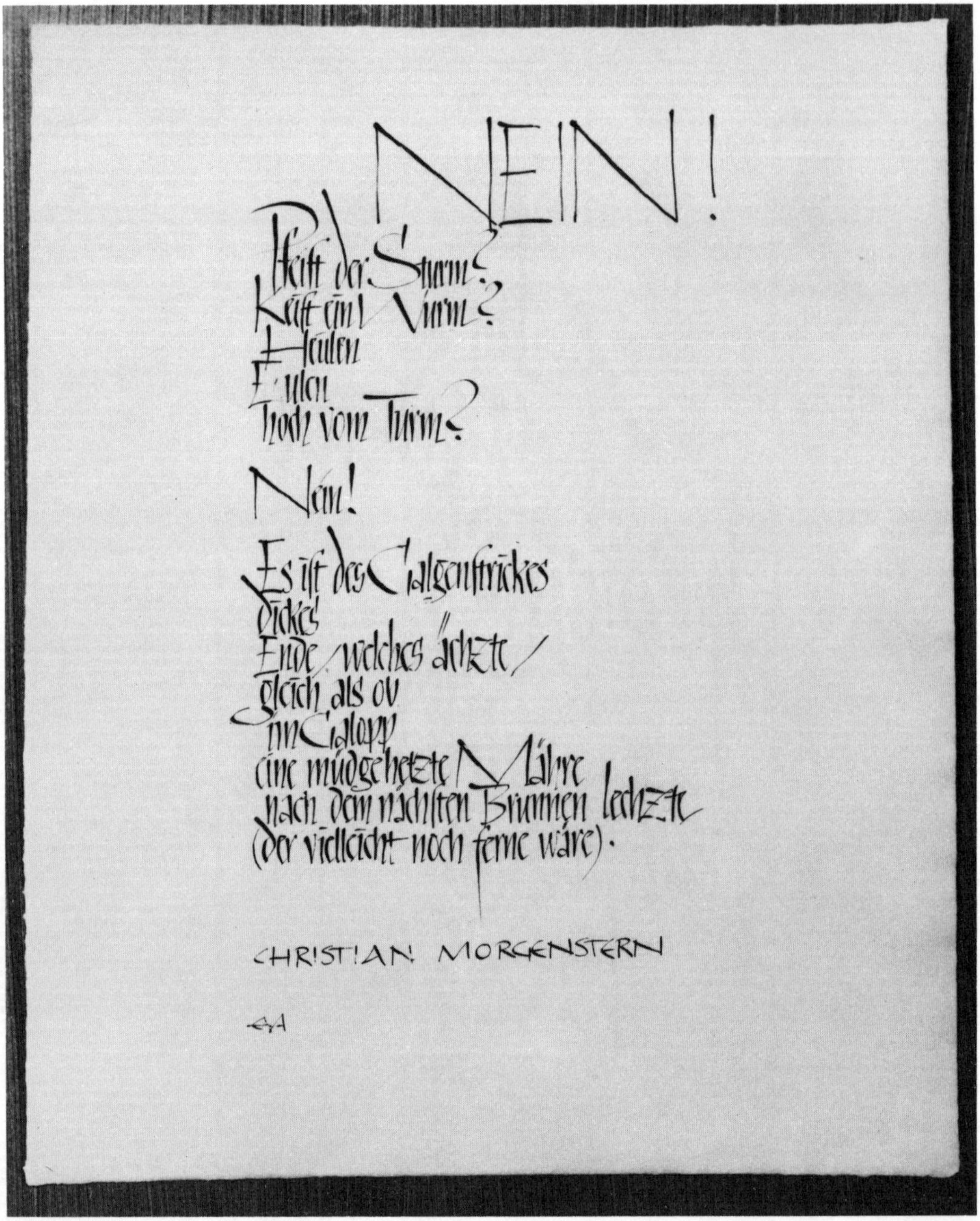

Das Gedicht von Morgenstern ist mit der Notenfeder auf Aquarellbütten gebracht. Es steigert sich in eine Atemlosigkeit hinein, die die Schrift spürbar machen soll und die Anordnung im Flattersatz. Die Einsicht von Klee steht hier in einer Antiqua. Durch ihre knappe Form ist es gut möglich, die Arbeit im rasch trocknenden Kleister auszuführen.

KUNST
GIBT NICHT
DAS
SICHTBARE
WIEDER /
SONDERN
MACHT
SICHTBAR
KLEE

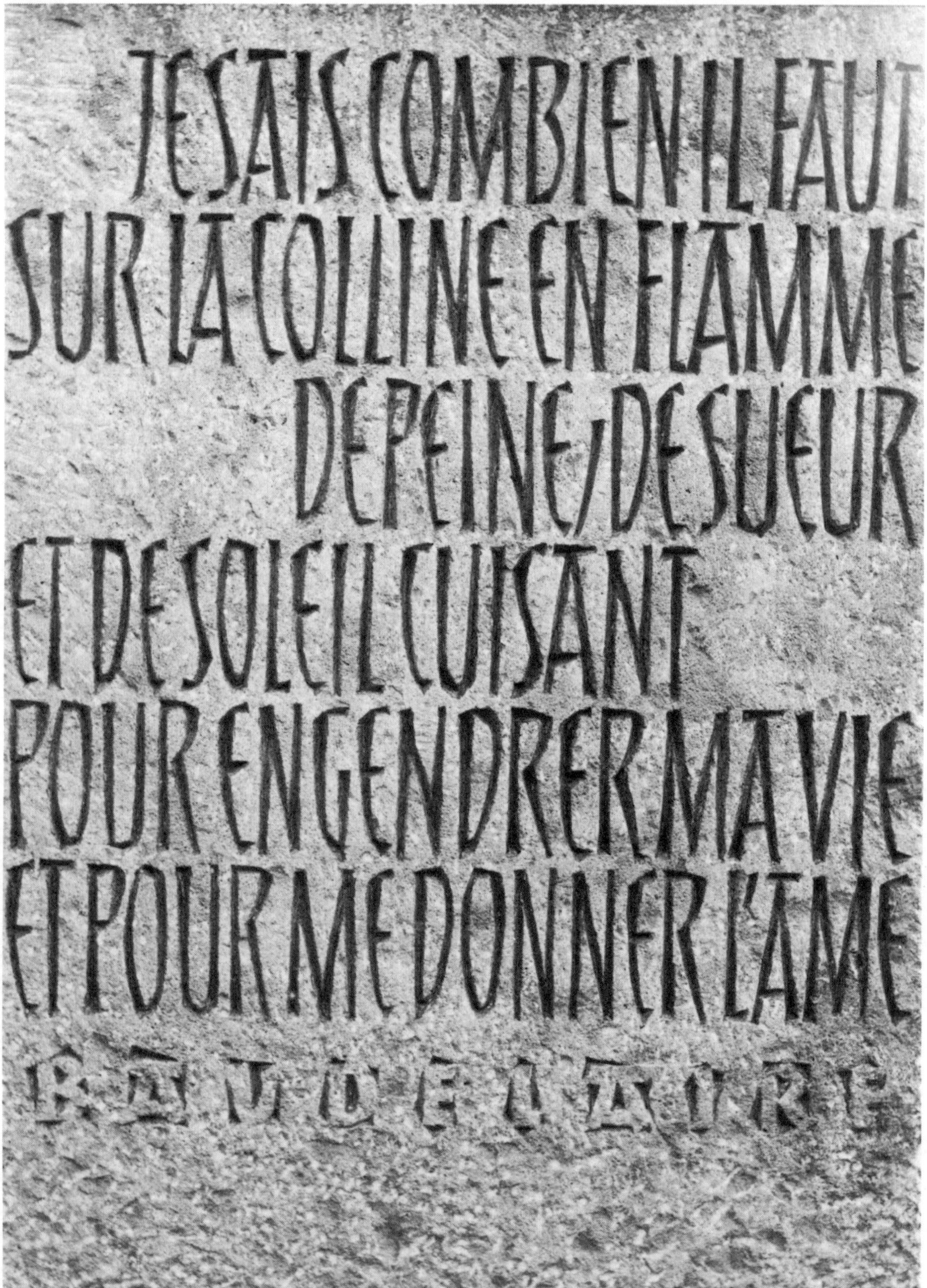
JE SAIS COMBIEN IL FAUT
SUR LA COLLINE EN FLAMME
DE PEINE, DE SUEUR
ET DE SOLEIL CUISANT
POUR ENGENDRER MA VIE
ET POUR ME DONNER L'AME
BAUDELAIRE

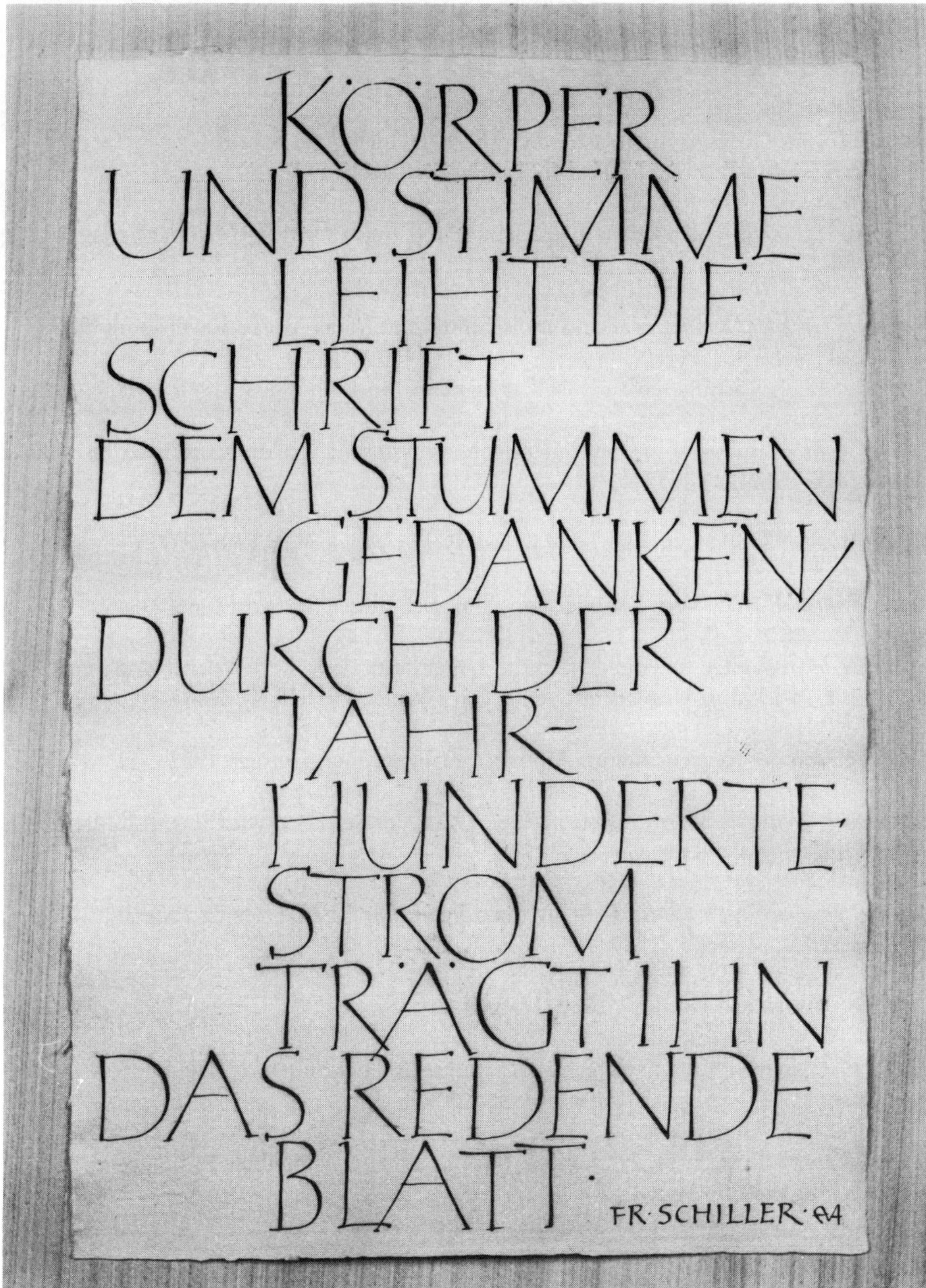
KÖRPER
UND STIMME
LEIHT DIE
SCHRIFT
DEM STUMMEN
GEDANKEN/
DURCH DER
JAHR-
HUNDERTE
STROM
TRÄGT IHN
DAS REDENDE
BLATT·
FR·SCHILLER·84

Bücher zum Thema

Barthel, Gustav: Konnte Adam schreiben? Weltgeschichte der Schrift. Hrsg. Karl Gutbrod, Verlag M. DuMont Schauberg, Köln 1972

Bentele, Ernst: Schrift, geschrieben, gezeichnet und angewandt. Karl Gröner Verlag, Ulm 1952

Birkhofer, Gerhard; Sonner, Hubert: Linolschnitt. Otto Maier Verlag, Ravensburg 1980

Buchholz, Erich: Schriftgeschichte als Kulturgeschichte. Bellnhausen 1965

Doede, Werner: Bibliographie deutscher Schreibmeisterbücher von Neudörffer bis 1800. Hauswedell, Hamburg 1957

Doede, Werner: Schön schreiben, eine Kunst. Prestel-Verlag, München 1957

Földes-Pappes, Károly: Vom Felsbild zum Alphabet. Belser, Stuttgart 1966

Friedrich, Johannes: Geschichte der Schrift. Unter besonderer Berücksichtigung ihrer geistigen Entwicklung. Universitäts-Verlag Carl Winter, Heidelberg 1966

Gelb, I. J.: Von der Keilschrift zum Alphabet. Kohlhammer, Stuttgart 1952

Hussmann, Heinrich: Über die Schrift. Geschichte der Schriftentwicklung in Bildern. Verlag Guido Pressler, Hürtgenwald 1977

Jakob, Sepp; Leicher, Donatus M.: Schrift und Symbol in Stein, Holz und Metall. Callwey-Verlag, München 1977

Kalender „Skriptura“: Kumm-Verlag, Offenbach

Kapr, Albert: Schriftkunst. Geschichte, Anatomie und Schönheit der lateinischen Buchstaben. VEB Verlag der Kunst, Dresden 1971

Kühne, Hans: Schriftschule. Ein Lehrbuch für Schrift und schreiben. Kallmeyer, Wolfenbüttel 1980, 7. Aufl.

Lassen, Martin: Lehrgang Schriftschreiben. Beruf + Schule, 1977

Meyer, Eduard: Die Schriftentwicklung. Graphis-Press, Zürich 1979

Muzika, Frantisek: Die schöne Schrift. Werner Dausien, Hanau (Main) 1965 Bd. 1 und 2

Müller, Monika; Willberg, Hans Peter: Schrift erkennen. Eine Typologie der Satzschriften für Graphiker, Setzer, Buchhändler und Kunsterzieher. Otto Maier Verlag, Ravensburg 1981

Nerdinger, Eugen: Buchstabenbuch. Callwey-Verlag, München 1964

Nerdinger, Eugen; Beck, Lisa: Schrift schreiben, Schrift zeichnen. Callwey-Verlag, München 1964

Rhein, Erich: Die Kunst des manuellen Bilddrucks. Eine Unterweisung in den graphischen Techniken. Otto Maier Verlag, Ravensburg 1956

Rubi, Christian (Hrsg.): Alte Berner Schriftkunst. Benteli-Verlag, Bern 1975

Schwieger, H. G.: Papier-Praktikum. Herstellung, Beurteilung, Verarbeitung. PR-Verlag H. G. Schwieger, Wiesbaden 1972

Stiebner, Erhardt D.; Leonhard, Walter: Bruckmann's Handbuch der Schrift. Bruckmann, München 1977

Tschichold, Jan: Ausgewählte Aufsätze über Fragen der Gestalt des Buches und der Typographie. Verlag Birkhäuser, Basel 1975

Tschichold, Jan: Meisterbuch der Schrift. Otto Maier Verlag, Ravensburg 1965

Tschichold, Jan: Schatzkammer der Schreibkunst. Meisterwerke der Kalligraphie aus vier Jahrhunderten auf zweihundert Tafeln. Verlag Birkhäuser, Basel 1959

von Weech, Sigmund: Wie schreibe ich Schrift? Musterschmidt, Göttingen 1961

Weitere Bücher zum Thema Schrift aus dem Otto Maier Verlag:

Jan Tschichold

Meisterbuch der Schrift

Dieses „Meisterbuch der Schrift“ breitet mit insgesamt 176 großformatigen Tafeln den ganzen Reichtum der Schrift für den Liebhaber und Anwender aus.

Tschichold hat hier jedes Alphabet als graphische Einheit gestaltet, historische Schriften sorgsam nach den Originalen retuschiert.
Dazu kommen im Textteil Hinweise zum Umgang mit Schrift anhand konkreter Beispiele. Dabei gibt der Autor heute und künftig gültige Regeln als Anregungen für den Fachmann. Ebenso findet sich eine Schriftgeschichte als Abrundung und zum besseren Verstehen.

ISBN 3-473-61100-X

Martin Andersch

Spuren, Zeichen, Buchstaben

Den ungewöhnlichen Reichtum europäischer Schriftkultur an seine Schüler weiterzugeben, hat sich seit über fünfundzwanzig Jahren der weit über die Grenzen Europas bekannt gewordene Martin Andersch zur Aufgabe gemacht.

Dieses Buch dokumentiert seine Erfahrungen und läßt anhand der faszinierenden Bildfolgen die von ihm entwickelte Methode des Lehr- und Lernablaufs ablesen.

Ein phantasievolles und ungemein anregendes Buch für alle, die sich mit Schrift befassen. Eindrucksvoll führt es vor Augen, welches bedeutsame Kulturgut wir im elektronischen Zeitalter zu verlieren drohen.

ISBN 3-473-48345-1